GUIARAMA COMPACT

AF277692

Carcasona

El Rosellón y La Cerdaña

ANAYA
TOURING

Autor: **Edgar del Puy**
Actualización: **Francisco Sánchez** y **Younes Mahjoure**

Responsable editorial: **David Lozano**
Edición y maquetación: **Edipratt**
Cartografía: **Anaya Touring**
Producción: **Juan José Rodríguez** y **Antonio Mellado**
Diseño tipográfico y de cubierta: **marivies**

Fotografías: Francisco Sánchez y **Edgar de Puy,** excepto
123RF: 37 (2). **Archivo Grupo Anaya:** 14. Martin, Joseph/
Anaya: 15, 19 sup. Cosao, P./Anaya: 19 inf. **iStock:** cubierta
(2), 58. **Oficina de Turismo:** 54, 133 y 135. **Sergi Reboredo:**
37 (2), 132. **Shutterstock:** 9, 16, 17, 25 sup. izda., 26, 27, 35
inf., 38, 40, 41, 42, 46, 48, 49 izda., 50 (2), 56 (2), 57, 63 (2), 66
inf., 68, 69 izda., 73 (2), 74, 76, 86, 92, 97, 99, 102, 103, 106,
109, 115 (2), 118, 119 (2), 123 (2), 125, 126, 131, 133.

3ª edición: 2025

© Grupo Anaya, S. A., 2025
  Valentín Beato, 21. 28037 Madrid
  www.guiasdeviajeanaya.es

Depósito legal: M-04.649-2025
ISBN: 978-84-9158-877-1
Impreso en España-Printed in Spain

PAPEL DE FIBRA
CERTIFICADO

La información contenida en esta guía ha sido cuidadosamente
comprobada antes de su publicación. No obstante, dada la
naturaleza variable de los datos, recomendamos su verificación
antes de salir.

Contenido

Un poco de historia

Carcasona
y su **región**

Castillo de Montségur

10

Cómo usar esta guía

Esta **Guiarama** de **Carcasona. El Rosellón y La Cerdaña** se divide en cinco secciones que abarcan los aspectos más importantes de su visita.

Una mirada, páginas 6-19

Presentación
El Rosellón y el País Cátaro
No hay que perderse...
Los Cátaros
Un poco de historia
Naturaleza y paisaje
Personajes famosos

Diez lugares inolvidables, páginas 21-39

La elección del autor de los diez lugares más atractivos, todos con información práctica.

Visita, páginas 40-119

Sección dividida en cuatro partes, cada una con una introducción y listado de los lugares más interesantes.
Información práctica
Breves notas "¿Sabías que...?"
Lo que hay que saber
Paseos a pie o en coche
Gastronomía

Dónde ..., páginas 121-142

Información detallada sobre restaurantes, alojamiento, compras, niños y ocio.
Información práctica, con generalidades para viajar por el país.
Toda la información necesaria para el viajero, presentada de forma resumida.

Mapas y planos

Incluye los planos de las localidades de Colliure, Carcasona y Perpiñán.
Dos mapas de carreteras para facilitar el desplazamiento y la ubicación con referencia a los Castillos Cátaros y el Litoral del Rosellón.

Precios

El precio aproximado de los establecimientos se indicará mediante los signos:

C caro, **M** moderado y **E** económico.

Clasificación por estrellas

La mayoría de los lugares descritos en el libro se han clasificado por su grado de interés como sigue:

***   Visita obligada
**   Muy interesante
*   Interesante

Símbolos utilizados

A lo largo de la guía se han utilizado símbolos sencillos y claros para indicar las siguientes categorías:

- ✉ dirección o localización
- ☎ número de teléfono
- 🕐 horario
- 🍴 restaurante o café
- Ⓜ estación de metro más cercana
- 🚌 rutas de autobús o tranvía
- 🚆 estación de tren más cercana
- ⛴ ferry más cercano
- ✈ aeropuerto
- ℹ información turística
- ♿ servicios para discapacitados
- 🎫 precio de la entrada
- ➕ otros lugares de interés cercanos
- 📔 más información práctica
- 🌐 web

Una
mirada

Presentación

▲ Esquiando en el Coll de la Llosa.

▶ Un fotogénico rincón de Carcasona.

❚ Profundizar en el conocimiento de la Cataluña Norte

Para conocer mejor la Cataluña Norte (Catalunya Nord) o Pyrénées- Orientales se sugiere la *Fotoguía* (2019) del autor Paco Sánchez, con QR, que retrata las diferentes comarcas del actual departamento resaltando sus atractivos y visitas y principales servicios. Para conocer mejor el Pays Catalan se recomienda el libro titulado *Les Pyrénées-Orientales* (2002) dirigido por Michel Lemelin y Jean Reynal.

Este rincón geográfico del sureste de Francia –departamentos de l'Aude y Pyrénées Orientales– presenta una buena combinación de atractivos que hace que la visita a esta tierra del Languedoc sea mágica e inolvidable.

Carcasona (Carcassonne en francés) evoca una de las imágenes más sugerentes del mundo medieval, en noche de luna llena, iluminada, nevada en invierno, asomando entre la bruma, la Ciudadela estimula la imaginación de grandes y pequeños. Las ruinas de los castillos cátaros colgados en inexpugnables cerros conforman el hilo conductor de parte de esta guía.

El paisaje entre el Canal del Mediodía, al norte, y el Pirineo, al sur, depara al visitante excelentes sorpresas, entre caprichosas y legendarias gargantas que parecen querer descubrir el interior de la tierra, siniestras cuevas, espesos bosques y ríos caudalosos que avivan aún más, la curiosidad y el misterio que envuelve este viaje.

Si nos cansamos del agreste interior qué mejor que refrescarnos en un litoral moldeado por el mar Mediterráneo, que perfila fabulosos paisajes cuando sube la marea e inunda la playa, a modo de grandes marismas, formando pequeños mares o lagunas interiores, en francés *étangs* repletos de vida. Hacia el sur la costa se hace más agreste y brava y acoge el puerto de Collioure, uno de los lugares más encantadores del Mediterráneo, lugar donde descansa el poeta Antonio Machado.

Carcasona, Narbona o Perpiñán son ideales para las compras de productos típicos y también para pasar una animada noche, sobre todo en el verano, donde además el litoral de la costa Bermeja también se anima con turistas del interior que buscan el sol y el buen clima.

Carcasona, el Rosellón y la Cerdaña

La presente guía se enmarca en la mitad sur de la región administrativa francesa de Occitania, en dos de los 13 departamentos de Occitania: L'Aude y Pyrénées-Orientales. L'Aude es el marco geográfico donde se desarrolla en parte la historia cátara, mientras que Pyrénées-Orientales ocupa el antiguo Rosellón y Cerdaña, tratados en esta guía.

Población

Desde 2015 Francia pasó a tener 13 regiones en Europa perteneciendo el Aude y Pirineos Orientales a la región de Occitania. La macrorregión tiene unos 17 millones de habitantes con capital en Tolosa (Tolouse). Escasamente un millón viven en los departamentos del Aude y Pyrénées Orientales. La superficie similar a Asturias o Navarra unos 10.255 km^2.

Las ciudades más importantes son **Narbona** y **Carcasona**, que se acercan a los 50.000 habitantes, en el Aude, y **Perpiñán**, con algo más de 110.000 habitantes en el Rosellón. No se trata de un territorio muy poblado, dominando los pequeños núcleos de carácter rural que se hacen más importantes conforme nos acercamos a las llanuras del litoral mediterráneo y valles de los grandes ríos.

Idioma

En el sur, en los Pirineos Orientales, se habla junto al francés, el catalán. El occitano (Tierra d'Occ) es un idioma utilizado todavía en el Mediodía francés y que se habla dialectalmente en zonas como la Val d'Aran en Cataluña, Mónaco o los Alpes Piamonteses.

Pyrénées-Orientales y el Aude cátaro

El ámbito geográfico tratado es el sureste de Francia, lo que se conoce como la Cataluña Norte o departamento de Pyrénées-Orientales, capital Perpiñán, y el departamento del Aude, capital Carcasona.

El histórico **Rosellón**, junto con el norte de la **Cerdaña**, perteneció a España hasta el Tratado de los Pirineos de 1659. Integra las comarcas naturales de Vallespir, Costa Vermella, Alberes, Conflent, Aspres, Riberal y Capcir, esta última de administración francesa.

La historia de los cátaros y su contexto geográfico sobrepasa la demarcación territorial del departamento del Aude que utiliza la marca "Pays Cathare" teniendo enclaves destacables cercanos como Foix, Montségur, Albi, Minerve o Béziers.

▌Direcciones de interés

Comité Regional de Tourisme Destination Occitane
Telf. (0033) 561 135 555
www.tourisme-occitanie.com

Agence de Développement Touristique des Pyrénées-Orientales
Telf. (0033) 468 515 253.
www.tourisme-pyrenees-orientales.com/es

Tourisme de l'Aude
www.payscathare.org;
Telf. (0033) 468 11 68 11.
www.audetourisme.com;
Telf. (0033) 04 68 11 66 00.

▼ Perpiñán.

La **esencia** de **Carcasona**, **Rosellón** y **Cerdaña**

Al norte de los Pirineos y Cataluña, junto al Mediterráneo se extiende la llanura del Rosellón, tierra de frontera que conserva tradiciones y rasgos españoles. Su costa con sus pintorescos pueblos como Collioure, el interior con la histórica Perpiñán, es tierra de viñedos y maravillosos espacios lagunares donde se refleja la montaña mítica del Canigó. La Alta Cerdaña y el Capcir se hallan en pleno Pirineo como las comarcas del Vallespir, Alberas y Alto Conflent. Más al norte el Aude, donde se desarrolla la epopeya cátara con sus espectaculares castillos, con epicentro en Carcasona cuya Cité traslada al visitante a un cuento de hadas.

No hay que perderse…

La variedad de paisajes y lugares, la riqueza cultural, mezcla de los viejos occitanos, catalanes y franceses, hace que se sugieran algunos lugares y actividades como imprescindibles.

❚ **Pasear y ver los fuegos artificiales en la Cité.** A mediados de julio, los fuegos encienden el conjunto medieval más pintoresco de Europa. En la Cité merece la pena pasear por el pasadizo que forma la doble muralla, así como las calles medievales empedradas que dan a su castillo condal.

❚ **Descubrir ciudades amuralladas** como Vilafranca de Conflent (Villefranche), Montlluís (Mont-Louis) o Castellnou en Les Aspres.

❚ **Subir al mítico castillo de Quéribus,** donde las vistas resultan vertiginosas, o al castillo de Montségur, donde invade un halo de energía y nostalgia desde la cima del *pog* o cerro donde se halla.

❚ **Discurrir por encajadas gargantas** y desfiladeros existentes al norte del Pirineo como las Gorges de la Fou o las de Galamus.

❚ **Hacer una excursión a los estanques,** *étangs*, como el de Canet, Estany de Leucate o de Salses, reducto y paraíso para las aves que aquí se pueden observar fácilmente.

❚ **Perderse por los monasterios románicos** junto al Canigó (Sant Miquel de Cuixà, Sant Martí del Canigó o menos conocido Serrabona) y sus pequeños coquetos pueblos como Eus y Mosset.

❚ **Ascender al pico del Canigó** que es montaña sagrada del pueblo catalán y también con sus 2.785 m una de las cumbres del Rosellón.

❚ **Acudir a algún baño termal.** El termalismo es posible practicarlo igual que la talasoterapia en estaciones litorales como Port Barcarès y Banyulssur-Mer, localidad esta última famosa también por sus vinos dulces. En el Pirineo y la Cerdaña están los antiquísimos baños de Llo, Sant Tomàs y Dorres.

❚ **Degustar platos de la cocina francesa local** como el *cassoulet languedocien,* los patés o la carne de caza en uno de los tradicionales restaurantes y *auberges* del país. Probar los vinos de Banyuls y por supuesto visitar las cavas de Tuïr (Thuir).

❚ **Pasear por pueblecitos medievales** como Bram, Minerva o Mirepoix y observar los detalles existentes en sus callejas y plazas.

❚ **Cenar pescados, ostras o anchoas** en el característico puerto de Collioure, disfrutando de excelentes vistas desde sus terrazas.

❚ Llegar a Perpiñán Y Carcasona

Existe la cómoda y rápida posibilidad de enlazar diariamente vía AVE Barcelona y Madrid con Carcasona y Perpiñán. Por autopista también es rápido llegar a Perpiñán y Carcasona por la A-2 y AP-7 en España y conectando con la A-9 y A-61 en Francia. A Carcasona desde Barcelona se llega en unas 3 horas y 2 a Perpiñán. Tanto Perpiñán como Carcasona tienen aeropuerto con vuelos en conexión con otras ciudades con Transavia (vía Orly) y Ryanair.

▲ En bicicleta por el Canal du Midi.

◄ Castillo de Sant Matí del Canigó.

Los cátaros

Aunque los seguidores de esta religión no se denominaban así mismos "cátaros", la Iglesia Católica y la Inquisición los llamó así para reconocerlos. El nombre podría venir del griego *Katharos* (puros), una palabra peyorativa que la iglesia utilizaba para denominar a aquellas personas que pretendían pasarse como "puros".

En 1163 un monje alemán usó por primera vez el nombre *Keter* que en alemán quiere decir "hereje", derivando de la palabra *Katze* o gato. Otras versiones justamente dicen que cátaro vine del latín *catus* o gato y se decía que los cátaros besaban las colas de los gatos para que así se presentase Lucifer y reconocerlo.

Por otra parte diversas leyendas medievales relacionan al gato con el diablo y por tanto los defensores del catolicismo relacionasen a este animal con los practicantes del catarismo.

Fueron individuos creyentes en una doctrina religiosa cristiana basada en el Nuevo Testamento pero con diferente interpretación que la iglesia de Roma. Los cátaros eran hombres y mujeres de diferentes estamentos sociales que vivieron en la época medieval y que profesaban esa creencia no solo en la Occitania o sureste de la actual Francia si no también en otras áreas geográficas de Europa como Bulgaria (donde se cree se originó la doctrina), Bosnia, Italia…

Concretamente en Occitania, tierra de frontera arraigó el catarismo no solo en el pueblo sino también en los señores feudales, algunos de los cuales dejaron de ser simples creyentes para convertirse en "perfectos", "bons homes" o "amigos de Dios". El perfecto recibía el "consolament" que era el único sacramento cátaro y se transmitía a través de otro perfecto mediante un ritual de rezos y preguntas. Desde ese momento se convertía en hombre o mujer casta y convivía con otros perfectos en casas donde además se trabajaba en diferentes oficios de la época, pues el hombre debía vivir gracias al fruto de su trabajo.

La iglesia cátara occitana estaba representada por cuatro obispados que no tenían la ostentosidad de los representantes del papa de Roma, algo que criticaba el catarismo. La iglesia cátara no recaudaba impuestos, ni poseía tierras, pero a pesar de ello acumuló riquezas gracias al esfuerzo artesano de sus creyentes.

Dado que la aceptación del catarismo se acrecentaba en la sociedad de la época, la iglesia de Roma se puso en guardia y declaró al catarismo "iglesia del diablo". Es así que muchos reyes y señores se pusieron a favor del dogma oficial y en 1209 se inició la cruzada contra los albigenses, como también se los conocía, dirigida por Simón de Montfort. Supuso años de sangre y fuego que acabaría arrojando cátaros y supuestos cátaros a la hoguera. También conllevó la conquista política del actual sur de Francia. Entre 1216 y 1224 los señores feudales de Occitania emprendieron una guerra de liberación y el catarismo volvió a florecer. Finalmente en 1226 el rey Luis VIII inició una segunda cruzada que acabaría definitivamente con los señores de Occitania y el catarismo. Con la caída del castillo de Montségur en 1244 y la muerte en la hoguera del último perfecto cátaro, Guillaume Bélibaste, en 1321 finalizó la epopeya de esta religión mártir.

Siguieron años de Inquisición y de la presencia de órdenes mendicantes procedentes de la Península Ibérica como los dominicos (Santo Domingo de Guzmán) que afianzarían el poder de la iglesia romana en estas tierras.

La base de la doctrina cátara

El catarismo se basaba en el Nuevo Testamento siendo una doctrina totalmente dualista. Así el mundo material, la injusticia y la desgracia eran obra del dios del Mal. Mientras tanto el dios del Bien es el creador de un mundo invisible, incorruptible, inmutable y habita en los espíritus buenos. Así el ser humano tiene una doble naturaleza: el cuerpo (material), que pertenece por defecto a Satanás y que es prisión del alma, y el espíritu puro que pertenece a Dios.

Cristo para los cátaros era un revelador, no un redentor. Su misión era enseñar el camino de la purificación o al Cielo. Jesús transmitió el conocimiento sagrado a su discípulo Juan y este lo hizo directamente a los cátaros representados por los obispos. No había iglesia intermediaria por lo que no creían en la jerarquía clerical que juzgaban corrupta a causa de la acumulación de poder y además porque usurpaban un tema innecesario que era la intermediación entre el ser humano y Dios.

El *consolament*

Era el único sacramento de los cátaros. Una especie de bautizo espiritual mediante el cual los creyentes se convertían en puros o perfectos. Se imponía a quien lo solicitase y tras un período de iniciación de tres años viviendo con un perfecto o perfecta, en el caso de las mujeres. Los perfectos vivían en comunidades de trabajo, por ejemplo en la fabricación de paños, sin distinción de clase ni sexo. Muchos nobles abrazaron el *consolament* sobre todo cuando se estaban muriendo porque así liberaban el alma del cuerpo o la materia poseída por el demonio. La imposición de manos o *consolament* se daba sobre todo cuando se moría en batalla.

▼ Manuscrito cátaro del Museo de Mazamet.

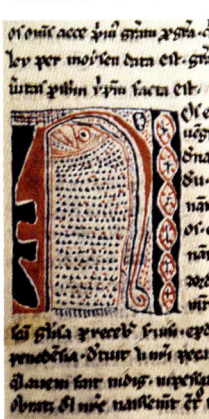

Un poco de historia

▲ Estela en el Camp dels Cremats (Campo de los Quemados), en Montségur. Recuerda el lugar donde fueron quemados vivos 225 cátaros.

450.000 a.C. El hombre de Tautavel *(homo erectus)*, el más antiguo de Europa, habita cerca de Perpiñán en el Paleolítico Inferior. Font-Juvénal en la Montaña Negra será otro rastro del hombre esta vez del Neolítico. Son comunes los monumentos megalíticos, en todo el Pirineo.

5-51 a.C. Conquista de las Galias por los romanos. Esta zona se conocerá como la Narbonesa. Se dividirá en *pagi* o futuros condados medievales: Narbona, Carcasona, Castelnaudary…

878 Fundación del Condado de Barcelona con Guifredo el Velloso a la cabeza, el cual estará muy ligado al Rosellón y en general lo que se conoce como la Cataluña Norte.

1140-1200 La conferencia de Lombers o el Concilio cátaro de San Félix de Caraman inicia la difusión de la herejía cátara.

1209 Inocencio III da inicio a la primera cruzada contra los albigenses o cátaros. Simón de Montfort dirige la cruzada en la conquista de Carcasona.

1210 Los cruzados conquistan Minerva, Puivert y Termes; Lastours en 1211. Señores como Roger de Trencavel (vizconde de Béziers y Carcasona) y Raimundo Roger de Foix fueron los valedores del catarismo.

1215 Cuarto Concilio de Letrán. Simón de Montfort es nombrado Conde de Toulouse, donde morirá en el año 1218.

1240 Caída de Peyrepertuse.

1244 Rendición y quema de 225 cátaros vivos en la hoguera en Montségur.

1255 Caída del bastión de Quéribus.

1258 Por el Tratado de Corbeil el rey de Francia pasa a gobernar Aguilar, Peyrepertuse, Puilaurens, Quéribus y Termes.

1321 Muere en la hoguera Guillaume Bélisbaste en Villerouge-Termenès considerado el último cátaro.

1271 El Languedoc pasa a la corona francesa.

1276 Perpiñán se convierte en la capital del reino de Mallorca. Separado de Aragón se extendía por el Mediterráneo Occidental, así como la Cerdaña y el Rosellón, en el sur de Francia.

1344 Desaparece el reino de Mallorca que se integra en el Principado de Cataluña ente político perteneciente a Aragón.

Siglos XIV-XV Luchas franco-españolas por el dominio de la parte sur del Languedoc.

1539 El francés se convierte en lengua oficial del reino de Francia, siendo el occitano (gascón o aranés en la actualidad) una lengua usada por el pueblo.

1559 Guerra entre protestantes que se implantan en el Languedoc y católicos hasta el edicto de Tolerancia formulado por Luis XIV en 1787.

1659 Tratado de los Pirineos por el cual tanto el Rosellón como la Cerdaña (Cataluña Norte) pasan al Reino de Francia.

1666-1680 Construcción de la obra hidráulica del Canal de Mediodía, en la actualidad Patrimonio de la Humanidad.

1790 Creación del departamento del Rosellón rebautizado como Pyrénées-Orientales así como el Aude, al norte.

▲ Moneda con escudo de los Trencavel en el museo de Mazamet.

◄ Ramón Berenguer I de Barcelona (1023-1076) y su esposa, contando piezas de oro como pago a Guillem Ramón y Adelaida, condes de Cerdaña, por sus derechos sobre Carcasona en 1067. *Libro Mayor de los Feudos* (siglos XII-XIII).

1793-1795	Guerra franco-española en un intento fallido de recuperar España el Rosellón y la Cerdaña.
1939	Éxodo de republicanos españoles y drama humanitario en lo que se conoce como la Retirada.
1960	Inicio de la actividad turística que salvará a la región de la depresión económica.
1962	El Acuerdo de Evian supone la instalación masiva en Languedoc-Rousillon y en especial Perpiñán y Port-Vendres de numerosos repatriados argelinos.
1963	Saneamiento de las marismas del Mediterráneo y creación de las primeras estaciones balnearias.
1996	Apertura de la línea del TGV que uniría Perpiñán con París.
1997	La Unesco declara la Cité de Carcasona como Patrimonio de la Humanidad.
2010	El "aeropuerto de Carcassonne en Pays Cathare - Sud de France", aumenta su capacidad para recibir aviones más grandes y adapta sus instalaciones a un mayor número de pasajeros.
2013	Apertura de la línea de alta velocidad que une desde entonces Perpiñán con Barcelona, vía Girona en 1 hora.
2014	Simplificación de la red administrativa regional de Francia.
2024	Crísis de gobierno en Francia y aumento del voto de la ultraderecha.
2025	Se presentan ocho castillos cátaros como candidatos a Patrimonio de la Humanidad 2026.

▼ Canal du Midi.

Naturaleza y paisaje

Les Corbières, ese macizo intermedio emparentado con los Pirineos, es el centro de un país con multitud de paisajes concentrados en poco espacio territorial. Este estadio montañoso previo a los Pirineos se encuentra bastante desprovisto de vegetación y bosques. Así su principal ecosistema es la **garriga,** rica en plantas aromáticas. Se trata de un macizo calcáreo de carácter algo árido con formas caprichosas. Sus altitudes no excesi-

▼ Estany de Canet.

vamente elevadas (pico Bugarach, unos 1.230 m) tienen pequeñas cimas escarpadas ideales para la instalación de castillos y torres de vigilancia aquí bautizados como cátaros. Por otra parte son comunes los campos con cultivos mediterráneos sobre todo de viñedos.

Les Corbières se abren hacia el Mediterráneo mediante diferentes **lagunas** litorales o *étangs* ricas en flora y fauna y simplemente separadas del Mar Mediterráneo por una barra de arena.

Los **espacios naturales** protegidos más característicos de las comarcas occidentales de los Pyrénées Orientales son el macizo de las Alberas, en el Pirineo fronterizo con España; el lago de Raho (al sur de Perpiñán), ideal para la práctica de deportes; la Reserva Marina de Cerbère-Banyuls, para el buceo; el Grand Site de l'Anse de Paulilles, excelente lugar para el paseo y como el anterior lugar en la Côte

▶ Paisaje invernal de
Vernet-les-Bains,
en el macizo del Canigó.

▌Espacios Naturales de Cataluña Norte

El Conseil General de Pyrénées-Orientales, uno de
los máximos órganos de
autoridad en la Cataluña
Norte (Rosellón y Cerdaña),
publica folletos sobre los 7
sitios naturales a visitar
dentro del citado Departamento. Dentro del Canigó,
Gran Site de France, está
la Reserva Natural de Nyer,
en el Parque Regional de
los Pirineos catalanes: los
lagos de las Bullosas/Boui-
llouses. Además de los lugares Litoriales de Site des
Doses (Lagunas litorales de
Salses-Leucate), Site Anse
les Paulilles y Reserva Marina de Cerbère-Banyuls. Y
las áreas prelitorales y fluviales del Lago de la Raho y
Plan d'eau del río Agly.

Vermeille; el bosque de Boucheville al norte del departamento, en las Fenoulledes, sorprende por su
magia y misterio…

Finalmente en el interior se halla el **macizo del
Canigó,** un avance del Pirineo al pie del cual se
hallan interesantísimos monasterios, iglesias románicas y pueblecitos de origen medieval. Más al norte,
en el Aude, en el País Cátaro también tiene espacios naturales de interés destacando las ya citadas
lagunas litorales, salinas y espacios marinos que
constituyen el Parque Natural Regional Narbonnaise, rico en avifauna y diferentes especies de peces.

La Alta Cerdaña es la zona más elevada del territorio con picos fronterizos al Principado de Andorra,
Cataluña y el Ariège próximos a los 3.000 m. Aquí,
como en el altiplano del Capcir, se hallan bellos
lagos alpinos o *étangs* como el de Camporrells, Lanós (Lanoux), Bullosa (Bouillouses) o el vello Valle
de Eina (Eyne), con una riqueza sin igual en cuanto
se refiere a la flora.

Personajes famosos

❚ Raimundo Roger Trencavel (1185-1209)

Heredó con 9 años el vizcondado de Albi, Béziers, Carcasona y Rasés, centro geográfico de la herejía cátara. En su condado los cátaros estaban permitidos y protegidos, lo que supuso que se erigiera como símbolo de Occitania y fuera objetivo de los cruzados franceses. Murió en las mazmorras de su propio castillo.

❚ Santo Domingo de Guzmán (1170-1221)

Nacido en Castilla fue un santo católico que fundó la orden de los Predicadores, después conocida como de los dominicos. Participó de manera activa en la conversión de cátaros al cristianismo ortodoxo y estuvo en Fanjeaux de 1207 a 1215, llevando la doctrina oficial de la iglesia. Fundó en la aldea de Prouille, en 1206, un convento femenino de la orden y posteriormente en 1215, uno masculino en Toulouse.

▲ Santo Domingo y los albigenses (Milagro del fuego) por Pedro Berruguete.

❚ Guillaume Bélibaste (1280-1321)

Se le considera el último perfecto cátaro que fue quemado en la hoguera en Villerouge-Termenès o Vilaroja de Termenes en 1321 después de haber huido al reino catalano-aragonés donde fundó una pequeña comunidad de seguidores de su fe.

❚ Pau Casals (1876-1973)

Fue uno de los mejores violoncelistas mundiales e interpretó el *Cant dels ocells* símbolo de la libertad y paz en el Mundo, pero también del catalanismo e Himno de las Naciones Unidas. Durante el régimen dictatorial de Franco se recluyó en Prada, en el Conflent, donde participó en 1950 en el primer Festival Bach.

❚ Antonio Machado (1875-1939)

Reconocido poeta andaluz y exponente más joven de la Generación del 98. Cantó a los campos de Castilla y a los olivares de Úbeda y Baeza. De profesión maestro, en su obra evolucionó del simbolismo romántico al compromiso social por lo que hubo de exiliarse, tras la guerra civil española, en la pequeña localidad de Collioure, donde murió y descansan sus restos.

❚ Aristide Maillol (1861-1944)

Reconocido escultor y pintor nacido en Banyuls-sur-Mer. A los 20 años se trasladó a París donde adquiere claras influencias de Gauguin. Muchas de sus esculturas se conservan en Perpiñán o el Paseo Marítimo de su localidad natal.

▲ Retrato de Antonio Machado por Oroz.

10 Lugares
inolvidables

Castillo Comtal

1

La Cité de Carcasona es uno de los conjuntos urbanos medievales amurallados más interesantes y mejor conservados de Europa, por eso está declarada Patrimonio de la Humanidad. Su perfil visto en la lontananza –la silueta del castillo, almenas y torres– transporta a época de cruzados, juglares y señores de la Edad Media.

Info

✉ 1, rue Viollet-le-Duc (La Cité)
🕮 www.remparts-carcassonne.fr
☎ (0033) 04 68 11 70 70
🕐 De octubre a marzo de 9.30-16.20 h y de abril a septiembre de 10-17.45 h. Cierran el 1 de enero, 1 de mayo, 1 y 11 de noviembre y el 25 de diciembre
💶 13 €

▶ Entrada por el puente al Castillo Comtal.

El imponente Castillo Comtal o Condal se abre paso dentro del encorsetado conjunto de calles como si quisiera marcar distancias defensivas dentro del núcleo amurallado.

Fue construido por Bernard Antón Trencavel en el año 1130 para sustituir uno anterior. Lo hizo en un extremo central de la fortaleza de la Cité para aprovechar las defensas y la parte más escarpada de la colina. De la primera época románica es la capilla o ábside dedicada a la Virgen María que se encuentra al norte de la edificación. Fue desde entonces antigua residencia, palacio vizcondal y casa solariega de los Trencavel. Con la victoria de los cruzados y con la posesión efectiva de los reyes de Francia se pertrecharon sus defensas y se añadieron dependencias como la vecina **Torre de la Inquisición,** donde se juzgarían y condena-

rían a la hoguera miles de herejes infligiéndoles previamente terribles torturas. Paralelamente se construyó una segunda línea de murallas que harían la plaza aún más inexpugnable. Aparte de las funciones residenciales, el castillo ha tenido un papel importante en la vigilancia y defensa del valle del Aude siendo utilizado también como caserna y prisión.

El castillo y sus murallas cuentan con nueve torres de las cuales dos son de origen visigótico: la torre de la capilla y la de Pinte, que es cuadrada y la más alta de la ciudad. La visita al castillo incluye el **Musée Lapidaire** que presenta vestigios de la época romana al Románico y Gótico, provenientes no solo de la Cité si no también de la región.

El castillo forma parte de un complejo defensivo con un doble lienzo de murallas almenadas, inexpugnables puertas y altivas torres. El conjunto se alza sobre una colina escarpada siendo un escenario perfecto para el rodaje de películas. Quizá en algún caso la restauración haya sido demasiado artificiosa como ocurre en parte de los muros, pero sobre todo en las torres con tejados cónicos de pizarra que se añadieron en el siglo XIX y que nada tienen que ver con el legado medieval original.

▲ Vista posterior del castillo.

Canal du Midi

El Canal du Midi (o Canal del Mediodía) y las esclusas de Fonséranes, declarados Patrimonio Mundial por la UNESCO en 1996, son una joya del turismo fluvial: un perfecto espacio de ocio, deporte y descanso.

Info

✉ Le 9 Ecluses de Fonseranes
Chemin des 9 Écluses,
34500, Béziers
☎ (0033) 49 94 13 636
🕐 De miércoles a domingos
de 10-17 h
🌐 tourismecanaldumidi.fr,
toulouse-tourisme.com

El Canal du Midi permite descubrir el Languedoc y su rico patrimonio arquitectónico y natural. Es el canal navegable más largo de Francia, y tiene como objetivo enlazar el Mediterráneo con el Atlántico. Fue sin duda uno de los grandes logros de la ingeniería del siglo XVII. El ingeniero Pierre Paul Riquet consiguió resolver el principal problema: la afluencia de agua de manera permanente y total. Después de determinar el punto exacto de partida de las aguas entre la cuenca atlántica y la mediterránea, desvió y captó el agua de los arroyos de la zona y la almacenó en un embalse construido a tal efecto: el **lago de Saint-Ferréol.** Por último, estas aguas se trasvasaron hasta el Seuil de Naurouze, el punto donde se localiza la divisoria de aguas entre el este y el oeste, desde el que se alimentan las dos cuencas del canal, una hacia Toulouse y la otra hacia la región del Hérault.

Con 240 km de longitud, es el canal europeo más antiguo todavía en funcionamiento. Va desde Toulouse hasta la albufera de Thau, en Sète; es conocido como el Canal de los Dos Mares pues une el Atlántico y el Mediterráneo sin tener que rodear la Península Ibérica. Antaño se utilizaba para el transporte de mercancías y personas, hoy sirve a numerosos aficionados de la navegación y turistas.

Se puede navegar en barcas alquiladas pasando por esclusas, puentes, acueductos, puentes-canales que recorren los 240 km de vías navegables, y disfrutar de la belleza de esta singular obra de arte. Su infraestructura consta de 63 esclusas, 33 de las cuales son manuales y las otras automáticas, 55 acueductos, 7 puentes canales sobre ríos, 126 puentes así como embalses artificiales y pequeños canales laterales que tenían como fin aportar agua en época de sequía. Las riberas del canal están formadas por antiguos caminos bordeados con árboles que constituyen una auténtica ruta turística, ideal para el senderismo y circuitos en bici. Desde la década de los 80 del siglo pasado las embarcaciones con fines comerciales fueron sustituidas por embarcaciones de placer de compañías que alquilan barcos u organizan cruceros.

▲ Atraviesan el Canal du Midi numerosos barcos turísticos.

En el tramo del canal que atraviesa Languedoc se suceden numerosas obras de arte, desde el este hasta el oeste: como el **túnel de Malpas,** el primer túnel del mundo atravesado por un canal, en las inmediaciones del *oppidum* (o fortaleza) de Ensérune; las 9 **esclusas de Fonséranes,** una increíble escalera de agua que permite franquear 21,50 m de desnivel en poco más de 300 m; el **puente-canal de Béziers;** las **Ouvrages du Libron,** una original obra de ingeniería que sirve para desviar un cauce fluvial por encima del canal; la **esclusa** redonda **de Agde** –esta esclusa única en el mundo, construida con piedra volcánica, permite la navegación por tres cauces fluviales que convergen en ese punto: el Canal del Mediodía, el río Hérault y el Canalet– o la **punta de Les Onglous,** un lugar simbólico donde las aguas del canal se mezclan con las de la laguna de Thau.

▲ Canal du Midi a la altura de Narbona. Arriba, embarcación en otoño. A la derecha, Castelnaudary.

Pierre-Paul Riquet (1609-1680)

El barón de Bonrepòs fue quien concibió el Canal du Midi, obra de ingeniería que hoy está declarada por la Unesco Patrimonio de la Humanidad. Con 240 km enlaza el Atlántico con el Mediterráneo desde el macizo de la Montaña Negra hasta el estanque de St.-Ferréol.

Las bodegas Byrrh (Tuïr/Thuir)

3

Situadas en la localidad de Tuïr o Thuir (capital de la comarca de Aspres) de ambiente y restaurantes típicos de la Cataluña Norte, las Caves Byrrh son de las bodegas subterráneas más espectaculares pues en ellas se almacenan unos 30 millones de litros de vino. Una de sus cubas de roble está considerada como la más grande del mundo con una capacidad superior al millón de litros. Aquí se elabora el famoso y evocador *vermú Byrrh*.

▶ Colorido cartel de las bodegas Byrrh.

Cercana a Perpiñán en una amable y fértil área de frutales y viñedos se halla la localidad de Tuir (Thuir) conocida por su mercado así cómo sus ofertas gastronómicas muy ligadas a la cultura catalana así como sus excelentes opciones en cuanto a alojamiento rural. Aquí se halla una de las bodegas más emblemáticas de Francia donde se elabora desde hace más de un siglo (1866) el famoso y genuino vermú Byrrh. En este espacio surrealista de calles con monumentales cubas se celebran encuentros gastronómicos y vitivinícolas.

Junto a las bodegas un interesante museo de carácter didáctico y acompañado virtualmente por un personaje carnavalesco que nos explica la experiencia de lo que significó esta familia viticultora que dio trabajo y esperanza a miles de personas de esta apartada región de Francia.

Hizo famoso el vermú a través de bellos carteles modernistas que eran reclamo publicitario en diversos acontecimientos sociales y deportivos de la época. Dichos carteles se pueden observar en el recorrido que se hace con audioguía traducida en castellano o catalán. El vermú Byrrh que se puede adquirir en la contigua tienda es un aperitivo (inicialmente un medicamento vendido en farmacias), con quinina sin azúcar añadido que mezcla vino de moscatel con ingredientes como el café, el pomelo, la canela, la manzanilla u otras flores aromáticas o el cacao. Al parecer contribuye a abrir el apetito y por eso se recomienda tomar antes de comer. Antes se comercializaba con el curioso adjetivo de vino "tónico e higiénico".

De la visita destaca la cava en sí con estructuras de la fábrica Eifell donde se inserta la cuba de roble que tiene una capacidad de 1.000.200 litros. Sus espectaculares dimensiones de 10 m de altura por 12 de diámetro quedan disimuladas por el monumental espacio que ocupa. Un lugar con una acertada iluminación que va cambiando de colores. Igualmente llama la atención el bello quiosco de degustación y compra de productos Byrrh realizado en madera con esculturas del siglo XIX.

Hay amenas visitas teatralizadas no solo para adultos sino también para niños. Como curiosidad, la sala donde se proyecta el audivisual (en francés) sobre la aventura comercial de los hermanos empresarios Pallade y Simon Violet y su negocio del vermú, está incrustada en el interior de una gran cuba de vino.

Info

✉ 6, boulevard Violet por la carretera D 48 al oeste de Perpiñán
☎ 04 68 53 45 86
🕐 Abierta todos los días de 9,30 h a 12,30 h y de 14 a 18 h. Visitas nocturnas los viernes de julio y agosto
🌐 www.caves-byrrh.fr
💶 6,50 € adultos; 3,50 € niños a partir de 8 años. Visitas guiadas 8 €

▼ Impresionante interior de las bodegas Byrrh.

Sant Miquel de Cuixà
y Sant Martí del Canigó

4

Son dos de los ejemplos más descatados del románico en el Roselló y más concretamente en el Conflent. Sus magníficos interiores con sus respectivos claustros son un lugar único. Están enmarcados por la montaña mítica del Canigó que es icono junto al Monasterio de Montserrat de la cultura catalana.

Info

Abadía de Sant Miquel de Cuixà

✉ Carretera de Taurinya - Codalet
☎ 04 68 96 15 35
🕐 Abierto todo el año. Abierto de 9-3 h y de 14-18 h. Domingo de 14-18 h.
💻 www.abbaye-cuxa.com
💶 7 €. Gratuita para menores de 12 años.

Abadía de Sant Martí del Canigó

☎ 04 68 05 50 03
💻 www.stmartinducanigou.org
🕐 De 10-11.15 h. y de 14-16.15 h. Cerrado en enero
💶 8€ y gratuito menores de 12 años.
🚙 Servicio de Jeep desde el núcleo Casteil (04 68 05 99 89) o cerca de una hora a pie por pista notablemente empinada.

▼ Detalle arquitectónico de Sant Miquel de Cuixà.

El Roselló y la Cerdaña destacan por sus muestras artísticas del románico que junto al barroco (bellos altares) son dos épocas de arte destacables en la zona. Especialmente, conforme nos acercamos al Canigó y al Pirineo, las muestras son más notorias como es el caso de estos dos monasterios, el de Serrabona (comarca de Aspres) y Arles (comarca de Vallespir).

Junto al florido y fértil valle la Tet se halla **Sant Miquel de Cuixà** (St-Michel-de-Cuxa) un lugar dominado por la tranquilidad y un sublime paisaje. Se funda hacia el 878 cuando los benedictinos del que fue Sant Andreu de Eixalada deben dejar este monasterio por las crecidas del río Tet. La importancia y afluencia de fieles y peregrinos hace que en el siglo XII el conjunto viva su esplendor con la sucesiva construcción de tres iglesias y un claustro. Tras el Tratado de los Pirineos pasa a manos francesas y ya con la Revolución Francesa el monasterio entra en ruina con la confiscación de bienes y la expulsión de monjes. Del notable conjunto destaca la iglesia prerománica bien conservada. El claustro se conserva en parte y es uno de los primeros construidos en Cataluña. De las 65 columnas restan 32 con sus respectivos capiteles en mármol rosa. El resto fue pasto del expolio y se halla en Nueva York (Museo The Cloisters).

No menos interesante, pero más aislado en las faldas de la montaña del Canigó, es **Sant Martí del Canigó** (St. Martin-du-Canigou). Monasterio mítico que consta de dos iglesias sobrepuestas y un notable claustro, muy modificado. Se funda en el año 1009 por el conde de la Cerdaña y el Conflent Guifré I y es consagrado por el obispo de Elna, la antigua capital del Rosellón. Tras la decadencia iniciada en el año 1506 se abandonó en 1783 y volvió a ser habitado en 1988. Destaca su claustro con magníficos capiteles, las dos iglesias y la campana, así como las tumbas antropomorfas del conde fundador y su esposa.

Vilafranca de Conflent

5

Antigua y estratégica capital histórica del Conflent, es un lugar único para perderse por sus calles, murallas, o subir a su castillo superior, Fort Libéria, y observar el impresionante emplazamiento geográfico de esta villa medieval. Patrimonio de la Humanidad desde 2008 es una de las localidades más encantadoras de Francia.

Sorprende una plaza militar tan amurallada y pertrechada de defensas en un lugar a primera vista tan poco estratégico. Sin embargo, la villa fundada en 1090 por el conde de Cerdaña ha sido disputada entre franceses y españoles (catalanes) a lo largo de la historia.

El **doble recinto de murallas** de los siglos XIII y XV se puede visitar por libre o bien mediante visitas guiadas organizadas por la oficina de turismo local. Desde una de las puertas principales, la puerta de Francia, se accede a las escaleras que ascienden al camino de ronda que permite rodear la localidad y verla desde una cierta perspectiva. Se distinguen fácilmente las dos fases constructivas de las murallas.

La **rue de Saint-Jean** es la arteria principal de la villa con sus casonas típicas de carácter marcadamente catalán normalmente ocupadas por tiendas de recuerdos y algún que otro hotel o restaurante. La calle tiene unos pequeños canales junto a la acera por donde discurre el agua que baja de las montañas.

A un lado de la calle principal se abre una coqueta plaza que parece como un patio de armas, donde se ubica la **iglesia de Saint-Jacques** (Santiago) del siglo XII, con bonita fachada de mármol rosa y destacados capiteles de evocación medieval. Su interior presenta dos naves paralelas con diversas capillas. Guarda notorios ejemplos de barroco catalán, muy característico y notorio en esta área geográfica.

Vigilando desde lo alto se halla el **Fort Liberia**, una obra destacada del maestro Vauban. Este famoso arquitecto militar reforzó las murallas medievales. Al fuerte se accede por una interminable y sobrecogedora galería o bien por un trepidante camino que se puede hacer en jeep. Las vistas son muy buenas hacia el Têt y los contrafuertes del Canigó.

Por su carácter calcáreo, abundan en esta zona cuevas y formaciones caprichosas en las rocas. Se puede comprobar visitando la **Cova Bastera**, utilizada en el siglo XVIII como caserna, o la **Cova Canalettes**, de grandes dimensiones.

Info

Office du Tourisme Intercomunal de Conflent-Canigó Villefranche-de-Conflent
✉ Rue Saint Jacques, 33
🌐 www.tourisme-canigou.com
🕐 Abierta todos los días de junio a septiembre. Organizan visitas guiadas

Fort Libéria
☎ (0033) 04 68 96 34 01
🌐 www.fort-liberia.com
🕐 Abierto todos los días. En proceso de restauración

Visita a las cuevas
☎ (0033) 04 68 96 23 11
ℹ En la oficina de turismo

▼ Vilafranca de Conflent.

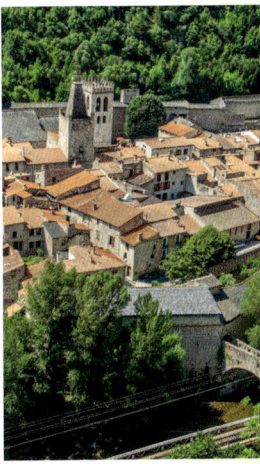

Castillo de Quéribus

6

Destaca entre las construcciones asociadas a los cátaros más espectaculares. Se yergue inexpugnable como si formase parte de una cresta montañosa de infinitas vistas. Su ascenso y visita tiene una magia difícil de describir transportando al visitante a la misma Edad Media.

Info

- ✉ Carretera D123
- ☎ 04 68 45 03 69
- ⏰ De 10-17 h
- 🌐 www.cucugnan.fr
- 💶 7,50 €

Office du Tourisme de Cucugnan
- ✉ Route de Padern, 11350
- ☎ 04 68 45 69 40
- ⏰ Jul. y ago. de 10-19 h, de abr. a mitad de nov. de 10-17 h, cerrada de mitad de nov. a final de mar.

A 37 km de Perpiñán, irá apareciendo la incomparable silueta de uno de los castillos más representativos de los cátaros. En una formidable cima de montaña, podemos contemplar la imponente figura del castillo de Quéribus, inexpugnable por ser la continuación de la montaña en la que fue construido, siendo de los más bellos castillos cátaros. Aun así al castillo de Quéribus se accede por una carretera casi al pie del peñón coronado por el castillo homónimo, a unos 730 m de altitud sobre el nivel del mar. Su construcción, de 250 m de largo, ocupa todo el espacio de este impresionante pico, próximo al coqueto núcleo de Cucugnan a solo 3 km de distancia. De estructura poligonal muestra tres lienzos de murallas que defienden la torre principal que a su vez tiene dos plantas. No existe un patio de armas propiamente dicho pues la falta de terreno hace que se tenga que acceder a pequeñas terrazas escalonadas acomodadas a la topografía del lugar.

▶ Evocadora silueta del castillo de Quéribus, entre los riscos. Abajo, vista de la cercana villa de Cucugnan.

Destaca de esta construcción militar, la sala gótica restaurada en el siglo xv, donde probablemente se situó la capilla de San Luis, utilizada por los cátaros. Se caracteriza por su gruesa columna lisa, descentrada y de cuyo capitel surgen ocho nervaduras de crucería gótica que se cruzan en el techo. En la torre del homenaje se admiran las originales ventanas que le dan un aire primitivo y evocador. Sobre una aspillera por donde lanzaban sus flechas los arqueros, pueden verse todavía varias escaleras de piedra así como la chimenea donde encendían el fuego en los días de invierno. A pesar de la inexpugnabilidad del castillo de Quéribus, este se entregó a los cruzados, sin apenas resistencia, hecho inexplicable y punto donde los historiadores no se ponen de acuerdo.

La ascensión al castillo de Quéribus, con más de 200 escalones, se hace algo pesada y vertiginosa sobre todo por la pendiente del tramo final y en los días de fuerte viento o Tramontana. Recompensan las mágicas energías que transmite el lugar y la magnífica vista panorámica desde la terraza de la torre. El castillo formaba parte de un sistema de defensas que se comunicaban por señales de fuego, siendo bien apreciable el vecino castillo de Peyrepertuse (▶77), que dista unos 7 km en línea recta.

▲ Detalles de la arquitectura interior y exterior.

Collioure (Cotlliure)

7

Es, sin duda, uno de los pueblecitos más evocadores y bellos de la costa del Rosellón. Inspiración de artistas y pintores, lo enmarca la silueta montañosa de las Alberas, cuyos contrafuertes embaten las bravas olas del Mediterráneo.

Info

Office de Tourisme de Collioure
✉ place 18-Juin
☎ (0033) 04 68 82 15 47
🕐 Julio y agosto de 9-20 h;
abril, junio y septiembre
de 9-12 h y 14-19 h, salvo
domingos; de octubre a
junio de 9.15-12.30 h y 14-
17.15 h, excepto domingos
🌐 www.tourisme-collioure.
com

Esta pequeña población se enclava en la llamada Costa Vermeille, justamente antes que el litoral suavice sus formas volviéndose más llano y encharcado hacia el norte. La **tour de Madeloc** vigila desde lejos, como un inexpugnable faro, el pequeño y bello burgo costero.

Lugar clave del Rosellón para el comercio en el medievo, cuando la marina catalanoaragonesa dominaba el Mediterráneo, tuvo siempre su importancia militar de frontera. Por su cercanía con España, durante la guerra civil albergó refugiados republicanos y exiliados, como el poeta Antonio Machado, que falleció en este lugar en 1939. Su sencilla **tumba,** cerca de la entrada del cementerio local, siempre se halla engalanada con flores y banderas y es lugar de peregrinación y recuerdo. También se conserva, muy próxima, la vivienda que ocupó con su madre.

El escenario de Collioure es perfecto y dibuja un semicírculo partido por la desembocadura de un arroyo o Ravin du Douy. Tres playas forman un puerto natural vigiladas por el impresionante **Château Royal** o castillo de los Reyes de Mallorca, que fuera la residencia veraniega de estos. Se trata de una inmensa construcción de carácter militar en piedra, actualmente en remodelación interna, que separa la población en dos partes. Su laberíntico interior muestra pasadizos, caminos de ronda, patios de armas y salas rehabilitadas donde se pueden contemplar exposiciones de pintura o fotografía. Las vistas desde sus torres y murallas son espectaculares.

Al sur se halla la **plage de Port d'Avall,** con su agradable paseo marítimo al final del cual se encuentran el viejo convento de Dominicos así como el **Musée d'Art Moderne.** Desde el espigón rocoso que cierra la pequeña bahía, la vista al casco antiguo es envidiable.

Justamente pasando el castillo se atraviesa por un pequeño puente el arroyo para llegar a este encantador barrio viejo, con sus callejas encaladas llenas de encanto mediterráneo y numerosos detalles. Aquí se aposentan agradables y reconocidos

▼ Vista del Port d´Avall
y el Fort St. Elme.

restaurantes, cafés y tiendas con algunos talleres de arte. El barrio está protegido por el **Fort Mira-dou** en la parte alta, a donde se accede trepando por callejas cada vez más empinadas. Una playa, la de **Voramar,** precede las terrazas del centro de la población y en un extremo como queriendo cerrar la bahía se halla la **iglesia** fortificada **de Nôtre-Dame-des-Anges,** que tiene una austera torre campanario usada también como faro. Fue construida entre 1684 y 1691 con un indudable carácter defensivo y bañando su torre campanario en el Mediterráneo. En el interior destacan nueve coquetos retablos esculpidos en madera de estilo churrigueresco algunos y otros, obra del maestro catalán Josep Sunyer.

Château Royal
- Quai de l Almirauté
- 04 68 82 06 43
- De 10 a 17 h
- 7 €

Por el casco viejo o **Quartier du Mouré** se puede realizar un pintoresco y agradable paseo observando la arquitectura popular del lugar. Para ello se recomienda seguir el *sentier* de la Maolade que parte de cerca de la iglesia y sigue la costa por el casco viejo. En Collioure se reunirían artistas hacia 1910 siendo centro del movimiento denominado fauvismo. Pintores como Matisse, Derain, Braque… plasmarían aquí sus provocativos y vivos colores, quizá atraídos por la luz especial que deja en este lugar el sol mediterráneo.

Hacia la frontera española, el litoral es si cabe más rocoso y recortado, y en el interior los viñedos cubren parte del territorio cultivable. Aquí hay cavas que producen el dulce y delicado vino de Banyuls en las pictóricas localidades muy cercanas de **Port-Vendres, Banyuls-sur-Mer** o **Cerbère** se puede hacer una parada y adquirir este característico vino criado junto al mar y bajo el sol.

Pasada la pictórica localidad de Port-Vendres con su animado puerto se asciende al **Fort St-Elme.** Desde esta construcción militar hoy residencia privada (visitable), se contemplan las mejores vistas de Collioure y los viñedos. Ya en el siglo VIII se construyó una torre vigía en este lugar estratégico. El complejo lo edificó un ingeniero italiano a las órdenes del emperador Carlos V, con planta con forma de estrella de seis brazos. En su interior hay un completo museo histórico con piezas, esencialmente medievales.

▲ Puerto natural de Collioure, con la torre-faro de su iglesia.

▼ Collioure es villa de larga tradición artística.

¿Sabías que...?

Además del Museo de Arte Moderno (www.museecollioure.com) se puede visitar la **Vitrine sur le Fauvisme,** un espacio cultural de la Oficina de Turismo. De abril a octubre, salvo los domingos.
Telf. 04 68 82 15 47.

Palacio de los Reyes de Mallorca

8

Se yergue en plena Ciudadela de Perpiñán, una de las construcciones defensivas más espectaculares y significativas del sur de Francia. Aquí residió la corte del Mediterráneo, representada durante un corto pero esplendoroso período de tiempo por los reyes de Mallorca.

Info

✉ Rue Petite-la-Monaie 4, rue des Arches. Perpiñán
☎ 046 834 96 26
🕐 Abierto de octubre a mayo de 10 a 17 h
💶 7 €. Menores de 12 años, gratuito

▲ Detalle de la capilla.

▼ Fachada principal.

El Palais des Rois de Majorque o Palacio de los Reyes de Mallorca es un notable conjunto arquitectónico de carácter militar, construido entre 1276 y 1309 en estilo gótico tardío, cuando Perpiñán era la capital del reino de Mallorca. Un reino que abarcaba buena parte del Mediterráneo occidental. Desde 1231 hasta 1344, cuatro reyes gobernaron estos territorios: Jaime I, Jaime II, Sancho I y Jaime III. En el año 1344, Mallorca pasó a formar parte del Reino de Aragón cuando gobernaba Pedro II el Ceremonioso. Fue en esta época cuando la ciudad alcanzó gran prosperidad, con un desarrollo comercial e industrial importante, creándose incluso una universidad en el año 1349.

El palacio, donde residió originalmente la corte de Jaime I, está defendido por la ciudadela, murallas y foso. Es de planta cuadrada, articulada en cuatro cuerpos coronados por torres defensivas. Se accede al patio de honor por la torre del homenaje que se sitúa en el centro de la fachada oeste. Al este y alrededor de dos patios menores se hallaban las dependencias del rey y la reina que estaban separadas por una torre donde habían dos **capillas** superpuestas: la capilla de la reina con advocación a María Magdalena y la del rey, consagrada a la Santa Cruz. La inferior es una de las sorpresas del palacio, por su bella decoración y su interesante acústica. Contiguos están el pozo y un lugar donde se guardaba el hielo y otros productos que requerían frío.

Otra dependencia reseñable es el **Aula de Mallorca,** que ocupa una sala sur del primer piso y que se utilizaba para fiestas y recepciones. Tres chimeneas servían para mantenerlo caldeado en los fríos y húmedos inviernos y también para calentar la comida. El suntuoso palacio real, el decano de los palacios franceses, se abrió al público después de la Segunda Guerra Mundial.

Enclavado en lo alto del **Puig del Rei,** las vistas desde la terraza de la torre del homenaje son impresionantes pudiendo verse los Pirineos, el macizo del Canigó y, por supuesto, la ciudad y el mar Mediterráneo.

El Tren Amarillo

El tren amarillo, conocido popularmente "el canario de la montaña" es un tren centenario que recorre maravillosos paisajes pirenaicos desde el Alto Conflent hasta la Cerdaña. Un atractivo que supera la altitud a través de espectaculares puentes y túneles y seguro será una evocadora aventura no solo para niños.

El tren que toma el nombre del color dominante de sus vagones parte de Vilafranca de Conflent, en el valle para ir ascendiendo hasta casi 1.600 m de altitud en la villa de Bolquera acabando su recorrido en la Tour de Carol ya cerca del Principado de Andorra. El tren permite bajarse en sus 21 estaciones (solo 5 con taquilla) para poder realizar excursiones y disfrutar de la naturaleza pirenaica.

Símbolo de la Cataluña Norte, sus 63 km atraviesan la montaña con 19 túneles y diez monumentales puentes, destacando el **Viaducto Séjourné**, con 237 m de largo y una caída al río Tet de casi 70 m, y el **Pont Gisclard**. Permitía la comunicación de las apartadas comarcas de la Alta Cerdaña y el Capcir con el resto de Francia. Hoy tiene un uso meramente turístico.

Transporta anualmente un tráfico de 400.000 pasajeros que disfrutan del espectáculo de la infraestructura y el agreste paisaje donde fue construido. Funciona todo el año con diversas salidas, pero en verano se recomienda reservar porque suele tener bastante afluencia. Hay trenes desde Vilafranca de Conflent desde las 8.41 h a las 17.47 h y a la inversa desde la Tour de Carol/Enveigt desde las 8.14 h a las 15.11 h y desde el empalme de Font Romeu hasta las 17.49 h. Todo el trayecto dura unas 3 horas, con menos salidas en la temporada invernal.

En la Cataluña Norte y más concretamente al norte del Rosellón también se puede viajar en el **Tren Rojo** o **Vermell** del País Cátaro, no menos interesante y que recorre la comarca fronteriza de la Fenolleda (Fenouillèdes). Permite observar entre los viñedos donde se extrae el rico vino de Mauri la cadena montañosa de las Corberas, en la que se asientan parte de los castillos cátaros, quizá los más espectaculares. La línea construida en 1901 une Rivesaltes con Sant Pau de Fenollet o Saint-Paul-de-Fenouillet. El tren nos acerca a uno de los lugares más espectaculares de acceso al Aude desde Cataluña Norte: las Gargantas o **Gorges de Galamus** y su curiosa **ermita rupestre de Saint-Antoine**.

Info

Train Jaune (SNCF)
☎ 04 68 04 97 60
🖰 www.letrainjaune.fr,
www.parc-pyrenees-catalanes.fr
💶 22.50 € por trayecto, los menores de 4 años gratis

Traine du Pays Cathare
☎ 04 68 59 99 02
🖰 www.tpcf.fr

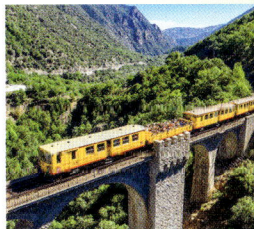

▲ Tren Amarillo.

▼ Gorges de Galamus.

Castillo de Montségur

10

Aunque más allá de la Alta Cerdaña, ya en la vecina Ariège se halla el punto más emblemático que existe en la Ruta de los Cátaros. Debido, en parte, a su trágico final, y la definitiva decadencia de la herejía cátara, ha dado pie a toda una serie de cuentos, mitos y hasta cobrado significado de tipo esotérico.

Info

✉ Sobre el pueblo de Montségur y junto a la carretera que lleva a Foix
☎ 056 101 06 94
🕐 Acceso libre en enero. Resto del año de 10-18 h. Visitas guiadas, sáb, dom y festivos a las 14 y 15 h

Museo Ayuntamiento
🕐 De 11-18 h.
💶 6 €; 7,50 € en junio, julio, agosto y septiembre.

Según la leyenda, el Château de Montségur lo fundaron los colosos hijos de Gerión, arrojando grandes piedras de un monte a otro. Pero es más seguro que todas estas grandes masas de piedra las fue tallando el viento, hasta conformar la construcción del castillo que se adapta perfectamente en la corona del *pog* o peñasco rocoso, como aquí se denomina a esta montaña sagrada. Fue construido en 1204, sobre el emplazamiento de las ruinas de uno anterior. Raymond de Pareille, suegro del señor de Mirepoix, reconstruyó el castillo gracias a la ayuda de la iglesia cátara occitana que instaló un pequeño burgo a sus pies. De hecho se puede afirmar, que este fue el único y auténtico castillo cátaro que existió en la historia.

▲ Vista de la fortaleza en la corona del *pog*.

▶ Detalles del castillo y el sendero de ascenso.

Perteneció pues al señorío de Mirepoix siendo su actual forma el resultado de la reconstrucción llevada a cabo por Guy de Lévis II de Mirepoix sobre las ruinas del anterior que conoció el asedio y la derrota por parte de los cruzados en 1244.

Entonces la plaza estaba defendida por Pierre Roger de Mirepoix con un centenar de hombres a sus órdenes. En el exterior bajo la torre del homenaje vivía una comunidad de más de 200 refugiados cátaros incluido su obispo Bertrand Marty, así como perfectos y perfectas. Tras un interminable asedio de diez meses que empleó a unos 8.000 cruzados, se consiguió ganar la plaza gracias a la ayuda de unos gascones conocedores del medio montañoso a sueldo de los franceses. La rendición supuso una tregua de 15 días que salvó la vida de la guarnición y de su señor y al parecer permitió la huida de un grupo de cátaros depositarios de un tesoro que, según la leyenda, contenía el Santo Grial. El resto de los hombres y mujeres que no quisieron renegar de sus creencias descenderían en procesión hacia la hoguera la mañana del 16 de marzo de 1240.

Montségur carece de almenas, lo que hace suponer que fue una construcción hecha en origen para servir de acogida, habitación y reunión de los cátaros, no obstante tuvo una función militar como demuestran sus inexpugnables murallas. Aún puede verse, traspasando su puerta, una cisterna, un gran patio de planta octogonal, restos de las paredes de las estancias y una escalera para acceder a las murallas y la inaccesible torre del homenaje. A la vista de sus vestigios, se intuye la dura y austera vida que se llevaba a cabo en estos espacios y sus alrededores.

Mucho se ha escrito sobre el significado de las formas, las dimensiones y su orientación en términos místicos o religiosos, pero lo cierto es que como ocurre en antiguos santuarios solares de variadas culturas, se produce el fenómeno de que los rayos del sol inciden sobre la aspilleras al amanecer, tanto en el solsticio de verano como de invierno.

Lugar emblemático y de peregrinación como no existe en cualquier otro sitio del catarismo, es el **Prado de los Quemados** o **Camp dels Cremats,** al pie mismo del castillo, donde tras la capitulación del señor de Mirepoix, se alzó una gran pira con troncos de madera y piedras y fueron quemados vivos tanto los perfectos como muchos de sus seguidores en una cantidad que pasaba de 200 personas. En este lugar, en el año 1960 fue erigida una estela de estilo medieval que rememora este trágico episodio.

Vale la pena subir por el sendero que conduce al castillo (se tarda más de una hora: ida y vuelta, salvando una fuerte pendiente final), tanto para acariciar las veneradas piedras de los cátaros como para disfrutar del excelente paisaje que desde allí se domina: las llanuras de Plantaurel, los cultivos del valle del Aude y el macizo de San Bartomeu, y al pie del castillo, el pequeño pueblo de **Montségur,** con sus tortuosas calles, sus casas y tiendas esotéricas.

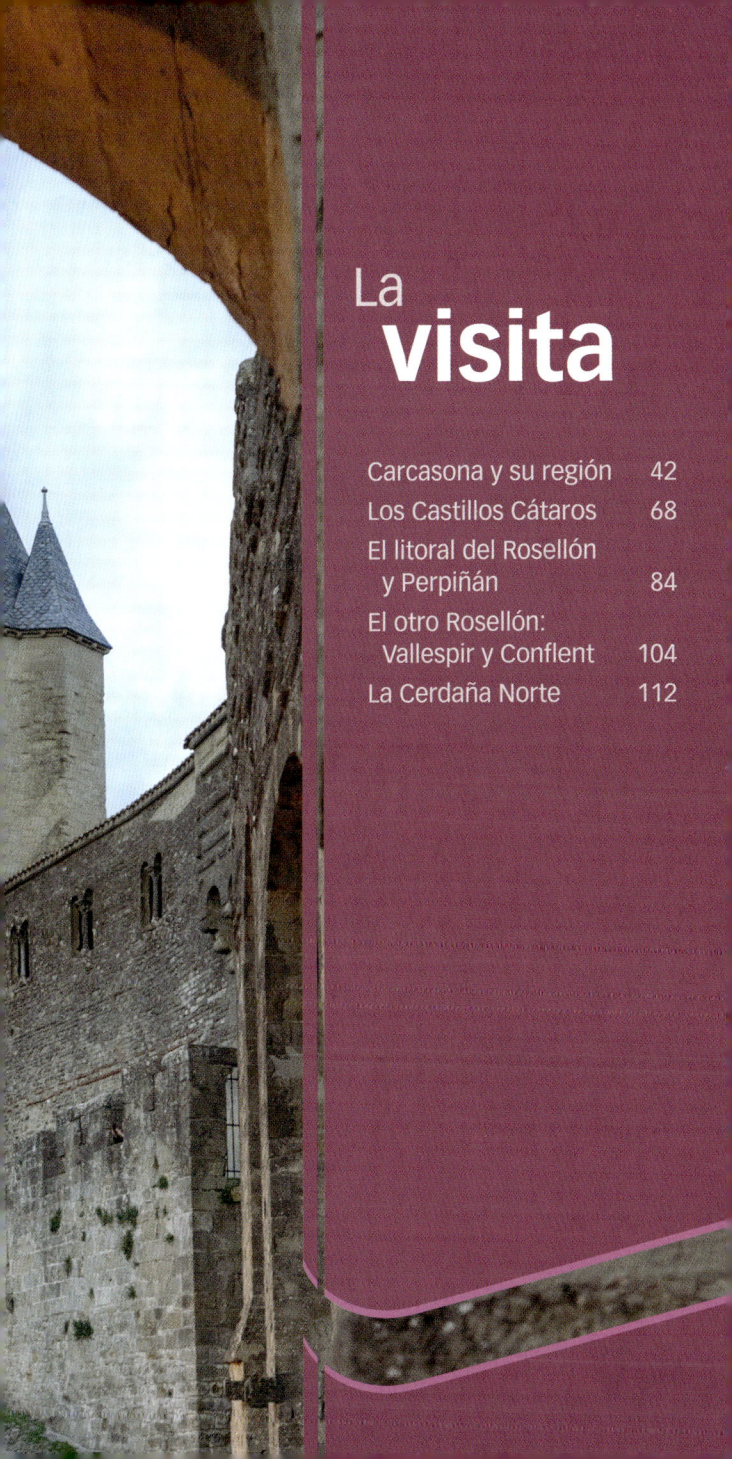

La **visita**

Carcasona
y su **región**

Situada en la ribera derecha del río Aude, Carcasona es una ciudad fortificada única en Europa no solo por su tamaño si no también por su estado de conservación. El casco antiguo, pueblo medieval todavía habitado, consta de 52 torres y 2 recintos concéntricos que totalizan más de 3 km de murallas. Accesible de día y de noche, por la Puerta Narbonesa y la Puerta del Aude, la mayor parte de la ciudad medieval se visita libremente (excepto el interior del Castillo Condal). El núcleo lo constituye diversas casonas, hasta hace unas décadas deshabitadas o donde vivía gente pobre y ahora consagradas al turismo. En ellas se instalan diversos restaurantes, tiendas y algunos alojamientos. La ciudad servirá de base para emprender excursiones de lo más atractivas por la región.

ı Carcasona (Carcassonne)

Carcasona aúna dos realidades urbanas diferentes que se miran cada una desde una orilla del río Aude y se dan la mano en el Puente Viejo: por un lado la ciudadela medieval, o más conocida como la Cité, que es un reclamo turístico y una especie de parque temático del medievo. Por otra parte, la *Ville Basse* (la ciudad baja), que es un magnífico ejemplo del urbanismo ordenado del siglo xiv, con calles estrechas y rectas en forma de damero. En la *Ville Basse* se desarrolla buena parte de la oferta hotelera y restauradora de la ciudad así como el ocio nocturno. La ciudad no solo está atravesada por el caudaloso Aude si no también por el Canal du Midi que como la Cité, ostenta el título de Patrimonio de la Humanidad.

L as huellas humanas más antiguas (siglo vi a.C.) se encuentran en el promontorio donde se halla la Ciudadela. Los galos fortificaron el promontorio que tomó el nombre de "Carcaso". Le siguió un *castellum* romano cuyo perímetro coincide con la muralla interior actual. Invadida por los visigodos, estos se convirtieron en dueños de España y del Languedoc hasta el 725. Conquistada por cristianos y luego por sarracenos, la ciudad no guarda ningún vestigio de esa época. Los sarracenos serían expulsados en el 759 por Pipino el Breve, rey de los Francos.

Plaza importante durante su pertenencia al condado de Barcelona, Carcasona formó parte de la dinastía de los Trencavel, fundadores del castillo y hacia 1130 de la catedral de Saint Nazaire. Como partidaria del catarismo, se vio envuelta en la cruzada contra esta herejía, cayendo en 1209 y siendo Raimundo Roger Trencavel envenenado en las mazmorras de su propio castillo. El temido Simón de Montfort es el nuevo vizconde de Carcasona y Béziers e instala aquí su cuartel general para dirigir la cruzada contra el sur de Occitania. A la muerte de Montfort en 1218 en el asedio a Toulouse, su hijo Amaury tomará el mando. Asentado también en Carcasona Amaury huirá a París tras la reconquista occitana por parte de los Trencavel que estaban exiliados en tierras aragonesas. Esto sería por un período breve, ya que en 1226 los cruzados recupe-

ı Pasaporte Cátaro

La **Association des Sites du Pays Cathare** emite un pasaporte turístico para visitar con descuento más de 20 sitios (abadías, castillos, museos…) relacionados con los cátaros. En muchos se puede conseguir una bonita moneda de colección, por muy poco dinero.

• • • • • • • • •

Office de Tourisme de la Cité
✉ 21, Rue Cros Mayreivieille
🕐 De 9.30-13 h
y de 13.30-17.30 h
☎ 04 68 10 24 30
🌐 www.tourisme-carcassonne
🛈 Presenta toda una serie de actividades para vivir la *cité*.

Agence de Développement Touristique
✉ Allée Raymond Courrière
☎ 04 68 11 66 00

▼ Detalle de los tejados cónicos, añadidos durante la restauración del xix.

ran Carcasona para acabar definitivamente con los cátaros. Los reyes franceses convertirán el condado en senescalía al mando de un militar o senescal. Siguió algún intento fallido de recuperar la plaza por parte de los Trencavel que acaban finalmente en el exilio.

Luis IX de Francia (San Luis) reforzó el recinto amurallado, y tanto Felipe el Atrevido como Felipe el Hermoso, reyes de Francia, construyeron la muralla exterior; bajo estos reinados la ciudad adquiere su fisonomía actual de fortaleza inexpugnable. En 1260 gracias a que la plaza se convierte en un buen lugar para comerciantes y burgueses se construye la ciudad baja, aunque continuarán las obras y mejoras de la Cité.

A raíz del Tratado de los Pirineos y la anexión francesa del Rosellón (1659), Carcasona perdió toda su función estratégica frente a la frontera sur del reino, sufriendo el inexorable olvido en el tiempo. En el siglo XVIII, la Cité ya no es más que un barrio pobre dedicado al comercio del vino y la fabricación de tejidos. Su restauración tiene lugar en el siglo XIX por parte del célebre arquitecto Viollet-le-Duc, Prosper Mérimée y Jean-Pierre Cros-Mayrevieille, erudito carcasonense. Aunque durante la restauración se añadieron elementos artificiosos, se salvó así la ciudad de la demolición, pues ya el ejército estaba autorizado a vender sus piedras en subastas. Hoy los visitantes, por millares, pueden admirar la ciudad medieval fortificada más completa de Europa.

LO QUE HAY QUE VER EN LA CITÉ

▌ MURALLAS ⭐⭐⭐
El burgo está rodeado por una doble muralla fortificada y almenada. Un primer cinturón envuelve el casco medieval propiamente dicho. En la parte central este cinturón defensivo se une dando paso al Castillo Comtal, que mira al norte formando parte del conjunto. Entre los dos lienzos existe un amplio corredor por donde circularía o habitaría la tropa con sus tiendas de campaña o se ubicarían las amenazantes y temerosas catapultas en época de conflicto. Este pasadizo los franceses lo denominan *lices* o lizas o caminos de ronda y también se utilizaría para entrenamientos de la tropa, competiciones, mercados, desfiles, etc.

El lienzo interno de murallas mide más de 3 km y cuenta con 52 torreones. El lienzo interior fue levantado en tres fases. El lienzo exterior, algo más amplio, se construyó de una sola vez a partir de 1240

▲ Puente medieval de acceso al castillo, y calle de Saint Louis en la Cité.

▲ Puerta de Narbona.

cuando el victorioso ataque del señor de Montfort al señor de Trencavel hizo aconsejable una mejor defensa. La entrada principal se realizaba por la Porte Narbonnaise (Puerta de Narbona), por donde accedían carros, caballería y mercancía. La puerta que mira al sur, hoy también demasiado restaurada, estaba protegida por un puente (Pont Levis) sobre un foso y era el punto más vigilado y protegido ante posibles ataques.

La puerta está protegida por dos monumentales torres de más de 30 m de altura unidas por un muro donde todavía una imagen de la Virgen protege espiritualmente el lugar ya desde tiempos del medievo. Hay otras torres monumentales como la Tour de Vade, que vigila las Lices Hautes (camino de ronda alto) y la Tour de Tresau que mira hacia las Lices Basses (camino de ronda bajo), donde se hallaba el antiguo burgo. En la actualidad preceden la entrada monumental del Jardin du Prado y un coqueto cementerio donde están enterrados personajes famosos.

I LA PORTE NARBONNAISE ✶✶

La Puerta de Narbona, situada al este, se construyó hacia 1280 bajo el reinado de Felipe III el Atrevido y es el acceso principal a la ciudad desde que se construyó el recinto amurallado. Se compone de dos enormes torres en espolón precedidas de una barbacana y un foso. Su nombre se explica por su orientación hacia la ciudad de Narbona. En el siglo XIX Viollet-le-Duc reconstruyó las almenas y el techo

▼ Souvenir típico, las *espardenyes* catalanas.

UN PASEO A PIE

La Cité

Distancia
3 km

Duración
3 horas y media con paradas

Punto de inicio
Porte Narbonnaise

Punto de llegada
Porte d'Aude

❚ El paseo se inicia cruzando el umbral de la monumental **Puerta de Narbona** (▶45). Pasando el puente se atraviesa la primera línea de murallas. A un lado se puede observar las **Lices Hautes** o amplio camino de ronda parapetado de numerosas torres. Al otro lado, la **Tour du Tresau** indica el recorrido por las **Lices Basses,** camino de ronda que también llega hasta el exterior del **Castillo Comtal** (▶48).

La segunda hilera de murallas se atraviesa por una puerta flanqueda por torres. Esta puerta desemboca en la **rue Cros-Mayrevielle.** A la entrada existe un punto de información. La calle empedrada pierde algo de encanto por la sobreabundancia de tiendas de souvenirs. El recorrido, algo empinado, llega hasta la plaza del castillo.

❚ Casi contigua a la place du Château se halla la place Marcou, coqueta pero atestada de gente donde se apostan las terrazas de diversos restaurantes y cafés. Desde allá conviene seguir por la rue du Pió que es paralela a las murallas y donde se disponen viejas casas muy reconstruidas. Casi al final de la calle se halla uno de los museos más románticos: el **Musée de l'École** (▶51).

Muy cercano ya, se observa el magnífico ábside de la **basílica de St.-Nazaire** (▶49), con sus sugestivas gárgolas. Merece desviarse unos metros y observar la **Tour de St.-Nazaire**. En la medieval **rue Saint-Louis** existen buenos alojamientos y

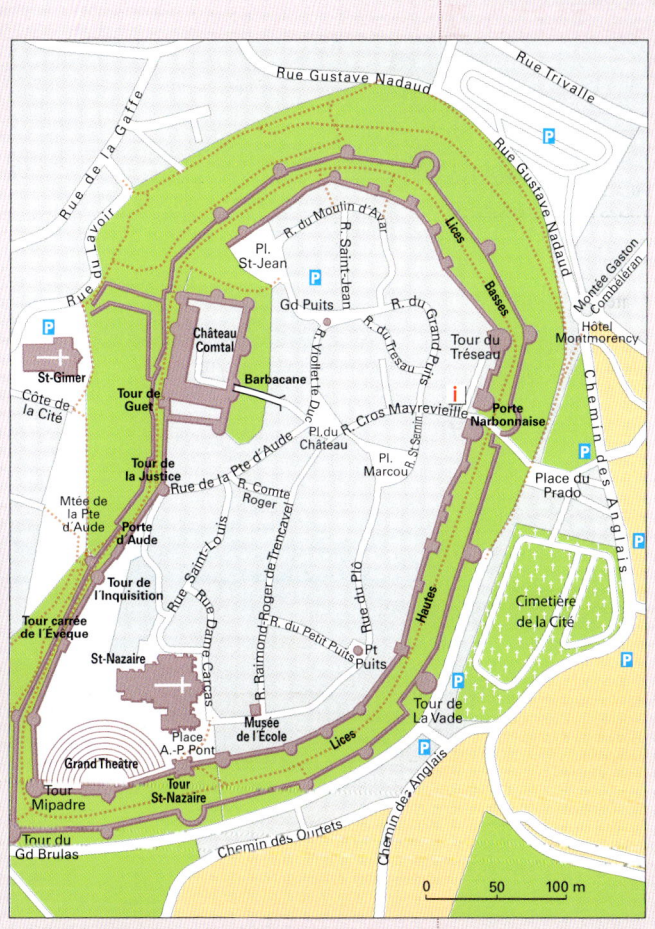

lugares de restauración. Igualmente en la calle en pendiente de Pont d'Aude hay agradables tiendas.

▌Esta calle desemboca en la **Tour de Justice**. Desde allí se atraviesa el primer tramo de murallas y un segundo donde se halla la **Porte d'Aude** con buenas vistas de la Bastida de Sant Louis y la **iglesia** cercana **de Saint-Gimer** (►61). La vista de las almenas y torres del castillo también son visibles desde la salida de esta puerta vigilada por la **Tour de l'Inquisition**.

▲ Visitantes por la
Porte Narbonnaise.

de pizarra, además la dotó de un pseudo puente levadizo que salva un foso y que no existía en sus orígenes. Desde el puente levadizo se accede a las lizas altas del siglo XIII, donde se entrenaban los soldados. La vista hacia las torres y almenas es excelente pero no corresponde a la imagen del siglo XVII cuando este espacio no era uniforme y estaba ocupado por las casas más pobres de la ciudad.

Desde la puerta parten calesas turísticas que permiten una visita guiada entre las murallas externas e internas. Los restos más antiguos y significativos se hallan a la derecha de la entrada, donde se situaba un pozo, algo vital para los habitantes de aquellos tiempos. El popular barrio que se extiende a un lado de la puerta es un animado punto de reunión, para las noches, con sus restaurantes y terrazas.

I CASTILLO COMTAL (▶22)   ★★★

I PORTE D'AUDE   ★★

Se encuentra hacia el oeste, enfrente del río que lleva el mismo nombre, muy cerca del acceso al Castillo Comtal que desde la subida se observa en su esplendor.

Esta puerta se extiende hacia la barbacana del Aude destruida en parte en 1816 para edificar la iglesia de Saint-Gimer. Solo perdura el camino rodeado por muros almenados. La puerta dispone de diversas defensas como el **Grand Châtelet**, el **Petit Châtelet**, la plaza de armas así como diversas puertas entrelazadas. El aspecto típicamente medieval del sugerente escenario sirvió de decorado para numerosos rodajes de películas como *Los Visitantes regresan por el Túnel del Tiempo, Robin Hood* o *El Imbécil (el Hombre del Cadillac)*.

También se conoció como "Puerta de la Cárcel" pues de aquí se descendía a la terrible prisión medieval donde penaban herejes y delincuentes.

A extramuros y en dirección a la Bastida de Saint-Louis se halla la **iglesia de Saint-Gimer,** que a pesar de su apariencia gótica es del siglo XIX. Una de las tres iglesias diseñadas por Viollet-le-Duc en la reconstrucción de la Cité.

❙ BASÍLICA DE SAINT-NAZAIRE

En 1096 el papa Urbano II se acercó a Carcasona y bendijo las piedras de la catedral de Saint-Nazaire y de Saint-Celse. El templo fue varias veces remodelado, perdió en 1801 su estatus de catedral y pasó a ser basílica. Este título lo ostenta hoy la iglesia de Saint-Michel, situada en la Bastida de Saint-Louis.

En su fascinante interior contrasta la nave central, austera y vasta, del siglo XI, con el atrio, ábside y seis hermosas capillas que la rodean de estilo gótico. La belleza que arrebata y la serenidad que se respira en su interior se alcanzan gracias a los bellos vitrales ricamente policromados y en buena parte originales. La música la pone un **órgano** de 1637, considerado de los más antiguos del Mediodía francés. Ha sufrido diversas restauraciones y ya solo se tocan piezas clásicas en él.

✉ Place Saint-Nazaire, Cité
☎ 046 825 2765
🕐 Abierta de 9-17.30 h salvo los domingos que abren de 9-10.45 h y de 12.30-17 h de enero a marzo. Resto del año mismos horarios abriendo a las 9 h.

▼ Basílica de Saint-Nazaire. Vista exterior y detalles decorativos.

▲ Expresivas gárgolas decoran la fachada de la basílica.

En la primera capilla izquierda se halla la tumba del obispo Pierre de Rochefort. Bajo su episcopado se instaló el hermoso rosetón del lado sur y se terminó el techo del crucero. Esta tumba, que forma un tríptico, es una de las más bellas obras esculpidas.

Al fondo de la nave derecha, en la segunda capilla, se encuentra la **Pierre du Siège,** bajorrelieve que representa el asedio de Toulouse de 1218. En el brazo derecho del crucero descansa una lápida sepulcral mural de Simón de Montfort (muerto en 1218), vencedor de los albigenses, y en una capilla la tumba del siglo XIII de Guillaume Razouls. En los pilares de rodean el coro hay 22 estatuas de santos, obra de artistas del norte de principios del siglo XIV.

Del exterior no os perdáis la **portada románica,** que data del siglo XII, con sus cinco arcos que descansan a cada lado de la puerta en cinco columnas decoradas con capiteles. Solo los dos más cercanos a la puerta son originales, el resto fueron reconstruidos por Viollet-le-Duc. Así como parte de la fachada y los pies del edificio también son restauraciones. Destacan también las diferentes y curiosas gárgolas con personajes reales o fantásticos del medievo que dan la sensación de vigilar al visitante.

❙ THÉÂTRE JEAN DESCHAMPS ✱

El teatro que se ubica en el interior de la ciudad medieval en una de sus esquinas, entre las torres defensivas del Obispo y la de San Nazario, fue creado en 1908, sobre el emplazamiento del antiguo claustro de Saint-Nazaire. Constaba de cerca de 6.000 asientos (hoy algo más de 3.000). En 1957, Jean Deschamps, actor y director, fundó el célebre *Festival de la Cité* que desde su creación sigue teniendo lugar cada verano. Para rendir homenaje al trabajo de Jean Deschamps, el Gran Teatro de la Ciudadela pasó a llamarse Teatro Jean Deschamps, en 2006.

• • • • • • • • •

✉ Place Saint-Nazaire
☎ 04 68 102 430
🌐 festivaldecarcassonne.fr

▼ Paseo superior del Vieux Pont.

Concretamente en julio el teatro es escenario no solo de variadas obras de teatro sino también de ópera, danza e incluso conciertos de música de los más modernos y prestigiosos grupos.

I GRAND PUITS (GRAN POZO)   *

Entre los 22 pozos que abastecían de agua a la Ciudadela, el gran pozo es el más antiguo. Su brocal data del siglo XIV y sus columnas y herrajes son de la época del Renacimiento. Una leyenda cuenta que los visigodos, asustados por la llegada de Atila, escondieron aquí el tesoro del Templo de Salomón. El pozo ha sido excavado muchas veces, pero nunca apareció tal tesoro.

▼ El Vieux Pont es una belleza en piedra, sobre el río Aude.

I MUSÉE DE L'ÉCOLE   **

De los museos que han ido apareciendo en la Cité, la mayoría muy oportunistas, postizos y de pésima calidad, este es el más evocador, romántico y auténtico. Creado en la década de los 50 del siglo pasado nos traslada al mundo de las escuelas de principios del siglo XX. Realmente fue una escuela y cuenta con cinco salas con el mobiliario y material utilizado en las escuelas entre 1880 y 1960, etapa donde uno se sentaba en incómodos pupitres adaptados a la estatura del estudiante y se escribía todavía con pluma. Los visitantes pueden probar el arte y la lentitud de escribir con pluma Sergent Major de la época.

Además de esta sala de escritura nos fascinará la **sala de la Communale,** una reproducción de una clase de la Segunda República donde estudiaban

✉ 3 rue du Plô
☎ 04 68 25 95 14
🕐 De 10-18 h (19 h en verano), Horario de invierno de 09.45 a 12.30 h y de 13.30 a 18 h; cerrado el domingo.
🌐 www.carcassonne.org
💶 4 €

► Vista de la parte baja de la ciudad o La Bastide de Saint-Louis.

alumnos de diferentes edades. Importante también la **sala Jules Ferry** en recuerdo a este personaje que introdujo la gratuidad de la escuela así como la obligatoriedad y la laicidad, sustituyendo a la escuela religiosa de pago.

❙ VIEUX PONT ✷✷

El Puente Viejo es una obra típicamente medieval del siglo XIII todavía en funcionamiento a pesar de que el tránsito rodado pasa por el Pont Neuf o Puente Nuevo. Hasta el siglo XIX fue el único acceso entre la Bastida de Saint-Louis y la Cité, que desde aquí se contempla en su máximo esplendor. Sus importantes dimensiones son debidas a la variación del cauce del río. Consta de 12 arcos y tiene una longitud de 210 m.

Al comienzo, la **capilla de Nôtre Dame de la Santé** o de Nuestra Señora de la Salud (1527) es lo que queda del hospital más antiguo de la ciudad. La capilla recibe muchas visitas de devotos, algunos comienzan aquí el Camino de Santiago en su vertiente francesa hacia Saint-Jean-de-Pied-de-Port. Su interior presenta elegantes bóvedas con nervadura. Al atardecer, el puente y la ribera del río Aude se convierten en un lugar ideal para ir en bicicleta o correr.

A los pies del Vieux Pont se halla el notable edificio de la **Real Manufactura**, restaurado en 2013 que constata que la actividad textil fue importante en esta localidad durante siglos.

❙ La Bastide Saint-Louis

Un nuevo burgo nacía allá hacia el 1262 en la orilla izquierda del río Aude. Mientras esta nueva ciudad se desbordaba en actividad, la ciudadela se reafirmaba en su papel de fortaleza real. Si el casco histórico de Carcasona es una joya del medievo, la ciudad nueva, llamada Bastida de Saint-Louis o Ville Basse es un burgo capitalino agradable, luminoso, ordenado y repleto de palacetes y bulevares.

El núcleo se sitúa pasando el puente del siglo XIV y otro nuevo por donde transitan los vehículos hasta la elegante y renovada **plaza Gambetta.**

Situada en un área más plana que aprovecha la ribera del río Aude, la Bastida fue construida en 1260, bajo el reinado de San Luis, según un plan cuadrangular organizado en torno a una plaza central, actual plaza Carnot. Hoy, la Bastida, delimitada por bulevares urbanizados en los siglos XVIII y XIX sobre

▲ Patinando en la plaza Carnot.

los antiguos fosos, ha conservado el trazado de calles en damero. Destaca la riqueza arquitectural del conjunto, tanto por las casas señoriales como por los edificios religiosos que ocupan algunas fachadas.

La plaza Carnot con su fuente y sus terrazas constituyen el lugar de encuentro de los carcasoneses. Algunos célebres invitados como Balzac o Stendhal admiraron, a la sombra de sus árboles, su mercado y su bella fuente a Neptuno de mármol, esculpida por los italianos Barata, padre e hijos, en el siglo XVIII. Desde la Edad Media, esta plaza ha albergado el mercado principal de Carcasona. En la actualidad se celebra el mercado de las frutas y verduras todos los martes, jueves y sábados por las mañanas. El amplio espacio está rodeado de agradables terrazas de cafés y restaurantes más animados según el día pero sobre todo si el sol luce. En la plaza y los alrededores existen algunos bares y pubs que animan la tranquila noche de Carcasona.

LO QUE HAY QUE VER EN LA BASTIDA DE SAINT-LOUIS

▮ MUSÉE DES BEAUX ARTS   ******

Se halla en un edificio multiusos del siglo XVII-XIX, uno de los más monumentales de la ciudad baja frente a la plaza Gambetta. Presenta una extensa colección de pinturas esencialmente de autores franceses y flamencos, así como cerámicas del siglo XVII al XXI. Los artistas regionales y locales, por supuesto, están presentes con retratos realizados

· · · · · · · · · ·
✉ 15 Bulevar Camille Pelletan
☎ 04 68 77 73 70
🌐 www.tourisme-carcassonne.fr
🕐 De 9.45 a 12.30 h y de 13.30 a 18.15 h. Del 1 de octubre al 31 de marzo lunes y domingo cerrado.
🎫 Gratis

▲ Terraza en la plaza Gambetta.

por Rigaud y Rivalz o escenas bélicas pintadas por el autor local Jacques Gamelin. El museo está decorado con diversos recuerdos de la familia Chénier. En sus salas también se muestran reputadas exposiciones temporales de arte.

En un edificio contiguo, en la calle de Verdún, se halla la pequeña **Chapelle des Dominicaines**, con una interesante colección de maquetas donde observar el crecimiento y la evolución urbanística de la ciudad (la entrada es libre). A un lado de la fachada principal del edificio, mirando a la elegante y espaciosa plaza Gambetta, se halla el **Hôtel de Murat**, un edificio del siglo XVIII que fue propiedad de magistrados y hoy Cámara de Comercio, y que destaca por su sobria fachada neoclásica.

Chapelle des Dominicaines
✉ 17 rue Verun
☎ 04 68 77 70 51

I RUE DE VERDUN ******
Es una de las calles más concurridas de la Bastida de Saint-Louis; sus comercios así lo acreditan, pero también las casonas nobiliarias y la multitud de detalles arquitectónicos que hacen de esta calle central de la Bastida un lugar atractivo para pasear.

Así el **Hôtel Roux d'Alzonne** (nº 73) es un edificio originario de la Baja Edad Media aunque fue muy remodelado por un comerciante local en el siglo XVIII. Como curiosidad en este palacete se hospedó Luis XIV cuando fue a contraer matrimonio con la infanta María Teresa que se hallaba en San Juan de Luz. Otro edificio donde merece la pena pararse es el **Palacio Bourlat** (nº 81), construido a principios del siglo XVIII por Guillaume Bourlat. Fue residencia

¿Sabías que...?

En una esquina de la rue Voltaire se halla el jardín del Calvario o del baluarte en el que se representan altorrelieves en terracota con las estaciones del Vía Crucis. El jardín tiene especies que se citan en la misma Biblia.

▲ Productos locales a la venta en Les Halles.

●●●●●●●●●

Théâtre Jean Alary
✉ 6 Rue Courtejaire
☎ 04 68 25 33 13
🌐 www.theatre.carcassonne.
   org

●●●●●●●●●

**Mercado cubierto
o Prosper Montagne**
✉ Place Eggenfelden. Entre
   rue de Verdun y rue Aimé
   Ramond
☎ 685 05 97 17
🕐 Todos los días, excepto
   domingos

●●●●●●●●●

✉ 53 rue de Verdun
☎ 046 872 45 55
🕐 De 9.45 h a 13 h
   y de 14 a 18 h
🎫 Gratis

de varias familias de fabricantes de paños, entre otros la familia Castel en el siglo XIX. La fachada es sencilla y es común a las casas de esta calle, así como la amplia puerta de acceso con un arco cimbrado y el piso noble. El corredor conduce a un patio interior cerrado por tres edificios, mientras que en la parte occidental se descubre una hermosa escalera con barandilla de hierro forjado.

Casi al final de la calle y antes de llegar al Boulevard de Varsovia destaca otro edificio: el **Hôtel Besaucèle** (rue Verdun 87), que toma el nombre de Guillaume Besaucèle que pertenecía a una familia ligada a oficiales de justicia y eclesiásticos. Destaca su ajardinado patio interior. Cercano a la calle y a la Oficina de Turismo se alza el **Théâtre Jean Alary** y junto a él, el **Hôtel de Roland** (rue Aimé Ramond 32), edificio del siglo XVIII que perteneció a un antiguo comerciante de paños y que en 1815 fue adquirido por la familia Roland. Hoy es sede del Ayuntamiento. Destaca su elaborada fachada, el patio y la escalera de honor. Otro edificio próximo a la calle de Verdún es la **casa del Senescal** (rue Aimé Ramond 70), un edificio del siglo XV que presenta una bonita fachada gótica con ventanas y portón con arco ojival. Fue sede, como su nombre indica, del senescal, un gran funcionario de palacio, que gobernaba estos territorios de frontera a la orden del rey de Francia.

❙ LES HALLES (MERCADO CUBIERTO)   ✱

Recién rehabilitado, el mercado cubierto es un bello edificio de los siglos XVII-XIX. Allí una veintena de comerciantes ofrecen sus mejores productos de frutas y verduras, carnes y pescado. Durante las mañanas del martes, jueves y sábados adquiere ese ambiente bullicioso y popular que ha resistido el paso del tiempo. Los sábados por la mañana los pasillos se llenan de pequeños agricultores que presentan sus productos ecológicos. El edificio, en forma de "U", se dividía en lados, cada uno con una función bien definida: así en el lado que da a la calle de Verdún se intercambiaba el maíz. La actual calle Aimé Ramond, antigua calle de Halles, era la zona de las carnicerías.

En la plaza donde se abre el edificio tenía en su centro la **picota,** madero donde colgaban a los ladrones. Hoy un círculo dibujado en el centro perpetúa su memoria.

❙ MAISON DES MÉMOIRES JOË-BOUSQUET   ✱

En esta casa vivió durante más de 30 años, a partir de 1925, el poeta surrealista Joë-Bousquet, figura emblemática de la primera mitad del siglo XX, que se recluyó en una habitación durante más de 30 años, sin salir apenas, después de recibir una bala alemana y dejarle paralítico en la Gran Guerra. En una de sus salas, "la chambre aux volets clos", se encerró y escribió la mayoría de sus obras, raras y exigentes. Fundó la revista *Les Cahiers du Sud*. También allí recibió de manera regular a los grandes del surrealismo: Paul Valéry, Max Ernst, Magritte, Louis Aragon, André Gide, Dalí, Simone Weil, etc. Pintores, escritores, filósofos pasaron por la sala "donde las persianas permanecen cerradas". Hoy la habitación se puede ver tal y como quedó tras su muerte en 1950 y donde se conservan los objetos familiares y del propio universo del poeta surrealista.

Tres proyectos conviven y animan la Casa de los Recuerdos: el centro Jöe Bousquet, para la difusión de su obra y del surrealismo; la asociación Audois para la investigación etnográfica y el Centro de Estudios Cátaros.

I CATEDRAL DE SAINT-MICHEL ✱

Es un edificio de notables dimensiones, a un lado del animado Boulevard Barbès y la place du Général de Gaulle, que ostenta el título de catedral desde 1803. Recientemente restaurada, su fachada se halla en un nivel más bajo al citado bulevar. Su exterior es bastante sobrio, sobre todo si se compara con otras catedrales europeas. Llama la atención su carácter fortificado, con la torre de vigilancia cilíndrica adornada con ventanales góticos.

El templo consta de una sola y amplia nave cubierta con bóveda de crucería, un ábside de siete paños con dos absidiolos, capillas laterales y oculos-

✉ 52 rue Voltaire
☎ 33 468 251 448
🕐 De 10-12 h y de 15-17 h; domingos de 10-12.30 h
🎫 Gratis

◄ Catedral de Saint-Michel.

rosetones superiores de iluminación, una torre poligonal octogonal que asienta en la parte norte de la fachada oeste, abierta en su último tramo por bellos ventanales góticos, y un gran rosetón de 8 m de diámetro en esta fachada, como es característico en el gótico languedociano. Tras el incendio del Príncipe Negro en 1355, se construyó una muralla en el muro sur de la iglesia. En 1849 un violento incendio asoló de nuevo la catedral. Fue sometida a restauraciones por Viollet-le-Duc durante más de 20 años y las grandes ventanas de estilo gótico, con vidrieras del siglo XIV, fueron cuidadosamente restauradas por el maestro Alfred Gerente. El altar mayor es original del siglo XVIII, en mármoles polícromos con dos ángeles y un tetramorfo que sostiene el tabernáculo.

I LE PORTAIL DES JACOBINS ✱
La única puerta que se conserva, de las cuatro que había en la ciudad, es la puerta de los Jacobinos, construida en las murallas que rodeaban la Ville Basse entre 1355 y 1359. Lo que hoy vemos es una reconstrucción de 1779 sobre su emplazamiento primitivo, por donde antiguamente se accedía a la Bastida fortificada. A la derecha, frente al bulevar, se conserva un lienzo de la antigua muralla.

I LES BASTIONS ✱
Los tres bastiones que se pueden ver actualmente en Carcasona son restos de las antiguas fortificaciones de la *Ville Basse*. Originariamente había cinco, dos se destruyeron en 1764, junto con el resto de

▼ Plaza Carnot, animado centro de la vida ciudadana.

UN PASEO A PIE

La Bastida de St.-Louis

Distancia
Unos 4 km

Duración
3 horas con la subida al campanario de la torre de Saint Vincent

Punto de inicio
Plaza Gambetta

Punto de llegada
Puerta de los Jacobinos

▲ Plaza Gambetta.

El recorrido se inicia en la elegante y recientemente renovada **Plaza Gambetta.** Preside la plaza una evocadora estatua en mármol blanco y la fachada neoclásica del edificio donde está el **Musée des Beaux Arts** (▶54). Contiguo está el Hôtel Murat, del siglo XVIII, que fue sede episcopal y después Cámara de Comercio e Industria.

Al otro lado de la plaza se inicia la animada rue de Verdun (▶55) donde está el principal punto de información de la ciudad normalmente atendido por personal que entiende o habla español. En la calle se levantan los principales palacetes de la ciudad: la **Casa del Senescal,** el **Hôtel de Roland** y la **Maison de Mémoires Joë-Bousquet** (▶56), exquisito palacete donde vivió este poeta surrealista.

A un lado de la rue de Verdun está la animada **Plaza Carnot** (▶62), con su destacada fuente de Neptuno. Esta plaza la cruza la calle Antoine d'Armagnac, al fondo enmarcada por la torre de porte defensivo de la **iglesia de Saint-Vincent** (▶60). Muy cerca se pueden observar restos del bastión del siglo XVI así como la fina fachada de la **capilla del Carmen.**

En sentido contrario por la calle Antoine d'Armagnac y casi detrás de la iglesia de Saint-Vincent, hay una interesante tienda de numismática y filatelia para los nostálgicos del coleccionismo. Pasada nuevamente la plaza Carnot se llega a **Les Halles** (▶56). Cercana hay una panadería donde degustar las *oreilletes du Languedoc.*

Al fondo se distingue el destacado cuerpo de la **catedral de Saint-Michel** (▶57). En el lateral se abre un arbolado bulevar que llega a la plaza General de Gaulle donde está el **pórtico de los Jacobinos** (▶58). Al lado derecho de la puerta se pueden observar todavía restos de la muralla, así como de los bastiones (▶58) que sustituyeron a las fortificaciones medievales hacia finales del siglo XVI. Los **bastiones de San Marcial, Jardín del Calvario** y **Montmorency** se ubican en los extremos de la Bastida junto a los bulevares que la rodean.

¿Sabías que...?

La web de turismo de Carcasona, www.tourisme-carcassonne.fr/es, presenta un espacio interesante para disfrutar de 4 días gastronómicos con interesantes propuestas realizadas por especialistas.

· · · · · · · · · ·

🖂 79 Rue du Docteur Albert Tomey

🕐 Del 15 de jun. al 15 de sep. de lun. a sáb. de 10-14.30 h y 16-18 h; del 1 de mar. al 14 de jun., del 16 de sep. al 31 de oct. y en dic. de mar. a sáb. de 10.15-12.15 h. y 13.45-17.45 h; del 1 al 30 de nov. y del 1 de ene. al 28 de feb., mar. de 14.30-17.30 h, mié., vie. y sáb. de 10.30-13 h y de 14.30-18 h

🖾 Entrada gratuita incluyendo la subida al campanario

las murallas, por orden del obispo Armand Bazin de Besons, para abrir los actuales bulevares.

Estos bastiones datan del siglo XVI. El **bastión Saint Martin** (o Saint Martial) está hoy rodeado de casas que lo dejan casi escondido a la vista. Da al bulevar Omer Sarrault y al Jardín de las Plantas. Es una gran mole circular de piedra cubierta de hiedra y uno se pregunta qué hace ahí, plantado en un bulevar ruidoso y animado; es donde se encuentran numerosos bares, centro de la vida de Carcasona.

El **bastión de Montmorency** está situado justo al otro lado de la Ville Basse, cerca de la catedral y el Puente Viejo, declarado Monumento Histórico. Fue construido en 1540 y alberga un pequeño *arboretum*. El acceso hay que hacerlo a través del patio de la *Clinique* del bastión. Fue la sede de una logia masónica –durante los siglos XVIII y XIX–, de la que aún quedan frescos y símbolos grabados.

La **Torre Grande** o Torre de los Molinos formaba también parte de las murallas de la *Ville Basse*. Estuvo cubierta durante mucho tiempo por molinos de viento, de donde le viene su segundo nombre. Construidos en 1599 tenían la función de fabricar 300 panes para alimentar a los pobres. Una cofradía religiosa lo compró a principios del siglo XIX e hizo un cruce de caminos. Es el actual Jardín del Calvario.

❙ IGLESIA DE SAINT-VINCENT ⭑⭑

Se trata del otro templo importante de la localidad, construido entre los siglos XIV y XV. Las obras comenzaron a partir de 1308, su planta basilical es mucho más ancha que la catedral de Saint-Michel. Se compone de una nave única de cinco bovedillas, un presbiterio con un ábside de nueve lados flanqueados por dos absidiolos. Las capillas laterales y el coro están abovedados desde el origen de la iglesia, sin embargo la nave fue cubierta por un armazón apoyado en arcos. El presbiterio es de finales del siglo XIV y principios del XV, al igual que las sacristías.

Acoge un nutrido patrimonio artístico en sus capillas laterales (pinturas, esculturas, reliquias, pilas bautismales, un gran órgano de 1739, obra de Christophe Moucherel, e impresionantes vidrieras). Entre las numerosas pinturas hay varias de Jacques Gamelin, un *Cristo en la Cruz entre la Virgen y San Juan* de Pierre Mignard y una *Comunión de San Jerónimo* de Pierre Hubert Subleyras.

La fachada occidental fue realizada en 1320, al igual que el campanario. El exterior es poco apreciable pues queda encajado entre calles estrechas

▲ La iglesia de Saint-Vincent destaca entre los tejados de la ciudad baja.

pero resalta su campanario, que es un excelente mirador hacia la Bastida y la Cité. La considerable altura permite observar el ordenado urbanismo de la Bastida de Saint-Louis, así como las áreas verdes circundantes de los bulevares y el cordón de árboles que rodea al Canal du Midi que discurre al norte de la ciudad. Sus más de 250 escaleras de caracol ponen a prueba el aguante físico del visitante.

La torre fue realizada en dos fases, las dos primeras plantas de plano cuadrado son del segundo cuarto del siglo XIV, mientras que las demás plantas tienen un plano octogonal y datan de la primera mitad del XV. El campanario alberga un carillón con 54 campanas y es visible desde cualquier punto de la ciudad. Sirvió como punto geodésico a Maichain y Delambre para determinar la longitud del meridiano terrestre. La iglesia está clasificada como monumento histórico desde 1907.

A dos calles en rue Clémenceau aparece la **Chapelle des Carmes,** la vieja capilla de los Carmelitas, que presenta el típico gótico austero y sobrio del Languedoc. Al lado se extiende el **Boulevard Omer Sarraut,** un amplio espacio verde que da al puerto del Canal du Midi y la cercana estación de trenes.

▮ IGLESIA DE SAINT-GIMER ⋆⋆

En el lugar que ocupaba la torre barbacana, hoy inexistente, próxima a la puerta del Aude, Viollet-le-Duc levantó la iglesia neogótica de Saint-Gimer. Es una coqueta iglesia que se compone de tres naves,

• • • • • • • • •

✉ Pl Saint-Gimer
☎ 04 68 10 24 36
🕐 De 11-13 h y de 14-18 h

▲ Vista posterior de Saint-Gimer.

la central más ancha y alta que las laterales, un ábside poligonal rasgado en sus paños mediante ventanas ojivales largas y estrechas, dos sacristías adosadas a la cabecera, un pórtico occidental y una torre que se eleva en el suroeste. Al igual que en la restauración de la catedral de Saint-Michel, Violet Le Duc incluyó óculos de iluminación en la zona elevada de los muros norte y sur de la nave central, por encima de las laterales. La iglesia tiene en su interior la capilla del santo que fue a su vez obispo de Carcasona entre el año 902 y el 931.

Las casas se arremolinan junto al basto cuerpo de la iglesia formando una agradable plazoleta que precede el ascenso al castillo y la Porte d'Aude. Las vistas, junto al ábside de la iglesia, hacia esta parte la Cité y su castillo, son especialmente mágicas sobre todo de noche, con las murallas iluminadas.

❙ PLAZA CARNOT ✶✶

También llamada "Plaza de las Hierbas", es el lugar de encuentro de los carcasoneses en la *Ville Basse*. A lo largo del tiempo ha conocido otros nombres como Place Royale, Place Vieille, Place de la Révolution o Place Impériale, lo que refleja su importancia en la historia de la ciudad. En el centro se localiza la **fuente de Neptuno,** una colosal fuente de mármol coronada por la estatua del dios marino, esculpida por los italianos Barata, padre e hijos, en el siglo XVIII. Desde la Edad Media, esta plaza ha albergado el mercado de la ciudad. Hoy se celebra un **mercado** de frutas y verduras los martes, jueves y sábados por la mañana.

LO QUE HAY QUE VER EN LOS ALREDEDORES

I LIMOUX ✱✱

Es una localidad famosa por su mágico y largo Carnaval que ocupa la plaza de la República todos los sábados y domingos entre enero y marzo. También se la conoce por su vino espumoso que celosamente se conserva en las bodegas de los alrededores.

Es ciudad de fundación antigua. Ya los romanos eligieron el lugar por su importancia comercial. Con el paso de los siglos cobró fama vinícola por el *Blanquette,* vino espumoso originario de la vecina abadía de Saint-Hilaire. La elegante **iglesia** gótica **de St. Martin** está rodeada de callejas y edificios medievales del siglo XIV que desembocan en la graciosa plaza porticada de la República. La Iglesia data del siglo XII, pero ha sufrido a lo largo de los siglos transformaciones significativas. El pórtico y la nave central son románicos; el campanario, gótico (siglo XVI), pero se basa en la antigua torre cuadrada románica (siglo XI); el baldaquino de madera tallada (siglo XVIII) y las vidrieras, que dan un sello especial, son modernas. En 1994 se restauraron los órganos. Un año antes se pudo restaurar la fachada gracias a la operación *"Toques et Clochers",* a partir de la subasta de barriles Chardonnay, organizada cada año durante un fin de semana por las bodegas de Sieur d'Arques. Bello es su amplio ábside y característico campanario puntiagudo que se puede contemplar desde el río Aude que pasa a su lado.

⊠ A 24 km de Carcasona, por la carretera D118

Office de Tourisme
⊠ 7 av. du Pont-de-France 11300 Limoux
☎ 04 68 31 11 82
🌐 www.limouxin-tourisme.com
🕐 De 9.30-12.30 h y 14-17 h. En invierno, cierra dom y festivos

▲ Escenas del Carnaval.

▼ Puente sobre el Aude, en Limoux.

Musée du Piano
✉ Église de Saint Jacques,
Place du 22-septembre
☎ 096 368 34 54
🖱 www.limoux.fr
🎟 4 €, si se combina con el
resto de museos 5 €

Musée Petiet
✉ 32 Promenade du Tivoli
☎ 096 368 34 54
🖱 www.museepetiet.fr
🎟 3.50 €

Musée de l'Imprimerie
✉ Allée du 19 Mars 1962
(antiguo Palais de Justice)
🕐 De mar. a dom., de 10-12.30
h y 15-18.30 h
🖱 museedelimprimerie.fr

Museo de Autómatas
✉ 4, Rue Anne-Marie Jaouhey
🖱 museeedesautomateslimoux.
com
☎ 06 70 39 01 74
🎟 7 €

✉ A 28 km por la D-118 hasta
Limoux y desde allá por la
D-104
🖱 www.saint-hilaire-aude.fr
🕐 Abril, mayo, junio,
septiembre y octubre,
abierto de 10 a 18 h
🎟 6 €

En la localidad existen tres pequeños museos muy interesantes. En la antigua iglesia de Saint Jacques se halla instalado un curioso **Musée du Piano,** que expone pianos franceses que van desde el siglo XVIII hasta nuestros días; entre las piezas más raras destaca un Pleyel de 1825. Se puede visitar junto al **Musée Petiet** en la Promenade du Tivoli, viejo taller familiar convertido en museo de bellas artes local, centrado en la pintura de la segunda mitad del siglo XIX. Finalmente, otro museo curioso es el **Musée de l'Imprimerie,** que documenta la historia de la imprenta y la tipografía desde la época de Gutenberg a la actualidad. Cerca se halla el **Museo de Autómatas,** ideal para los más jóvenes pues es un viaje a lo sensible, un lugar para crear sueños e ilusiones.

Rodeada de viñedos, a 2 km se localiza la **basílica de Nôtre-Dame de Marceille,** popular lugar de peregrinaje por su fuente de aguas curativas según la tradición. De estilo gótico fue construida en el siglo XV sobre un antiguo templo pagano. En su interior se venera la imagen de una misteriosa Virgen Negra del siglo XI relacionada con el enigma de María Magdalena.

Para reponer fuerzas, conviene probar en alguno de sus restaurantes –o bien comprarlo ya hecho– un plato típico llamado *fricassée,* un recio plato a base de carne y judías. Se puede adquirir este plato típico elaborado, así como ricos embutidos en *Ets Jean Vaquie et Fils,* excelente charcutería en una esquina de la place de la République. Las viandas hay que acompañarlas de buen vino, para ello a la salida de la localidad, en dirección Chalabre, se hallan las **bodegas Sieur d'Arques,** con un interesante museo que ilustra la complicada elaboración de los cuatro tipos de *Blanquette,* que allí mismo se pueden degustar y comprar a precios interesantes. A escasos 8 km al sur se halla el pueblecito de sabor medieval de **Alet-les-Bains,** con las ruinas de una antigua y gran abadía del siglo XII. Alet es también conocida por sus aguas minerales de tipo curativo.

▮ ABADÍA DE SAINT-HILAIRE ✲✲

Antigua abadía benedictina del siglo VIII. Se dedicó inicialmente a los santos Saturnino e Hilario, aunque finalmente sería conocida solo con el nombre de este último. Lo más destacable de la abadía es el **claustro,** del siglo XIV. Presenta la forma de un trapecio irregular con cuatro galerías compuestas de arcadas ojivales apoyadas sobre columnas geminadas. Los capiteles están adornados con motivos vegetales y animales. En la galería este se abre la

◄ Abadía de Saint-Hilaire.

vivienda del abad. Esta sala conserva un techo ricamente pintado del siglo XVI, con un llamativo repertorio floral y animal, así como diferentes escenas: artesanos en el trabajo, caza, escenas galantes o humorísticas... La **iglesia,** de finales del siglo XII, consta de una nave única acabada en ábside con bóveda de nicho y dos capillas laterales formando un falso crucero. Sus arcos reposan sobre columnas que semejan figuras humanas –a modo de cariátides medievales–, decoradas también con motivos vegetales y animales fabulosos. Se conserva igualmente un buen número de piezas de mobiliario y obras de arte. Sobresale el **sarcófago de San Sernin,** una notable obra esculpida en mármol blanco que reproduce escenas del martirio de este santo. Está atribuida al maestro de Cabestany.

En el siglo XVI los monjes empezaron a producir el *Blanquette* de Limoux, vino espumoso precursor del champán que dio fama mundial a la abadía. El blanquette hoy producido en 41 comunas con uvas mauzac, chenin y chardonnay se elaboró según el método champenoise según atestiguan documentos del siglo XVI.

I FANJEAUX ★★

Es un pintoresco pueblo cuya parte vieja se halla al pie de una colina. Su historia está muy relacionada con los cátaros pues su castillo –hoy destruido– fue importante plaza asociada a la Cruzada contra los albigenses.

Al parecer sobre esta colina los romanos ya construyeron su templo dedicado a Júpiter, *"Farum Jovis",* de donde deriva el nombre actual. El castillo de Fanjeaux fue destruido en el año 1229, por el Tratado de Meaux, así como todas las fortificaciones de la ciudad, a pesar de ello merece una detenida visita, por lo que simbolizó en la Cruzada contra la herejía cátara, así como la presencia de Santo

¿Sabías que...?

Según la tradición, la abadía fue fundada en el siglo VI por el mismo Hilario, primer obispo de Carcasona, que fue martirizado en aquella ciudad. Sin embargo la primera noticia cierta de su existencia es una confirmación de bienes firmada por Luis el Piadoso en el año 825. La abadía se encontraba bajo la protección de los condes de Carcasona. En el 970, el conde Roger I presidió el traslado de las reliquias del santo titular.

⊠ A 33 km de Carcasona, por la A61/E8 salida Foix, Bram, Mirepoix en conexión con la D4 y D19

Office de Tourisme
⊠ 6, Place du Treil 11 270 Fanjeaux
☎ 046 824 75 45
🖥 www.collinescathares.com

▲ Mosaico de Santo Domingo en Fanjeaux.

Domingo de Guzmán, quien se trasladó aquí y no escatimó esfuerzos para recuperar a los cátaros a la causa cristiana ortodoxa. Santo Domingo, de origen español, fundó la orden de los dominicos, que más tarde se dedicarían casi por entero a la causa de la Inquisición, no solo en Fanjeaux, sino en toda Europa, saliendo de entre sus filas importantes inquisidores.

Del trazado medieval de Fanjeaux quedan construcciones como la **casa de Santo Domingo,** donde habitó el santo desde 1207 a 1215, aunque se halla muy reformada. Fue transformada en oratorio en 1948 y muestra bonitos vitrales que representan la vida y misión del santo. En la ciudad puede verse una hornacina con un **mosaico,** donde se representa a Santo Domingo con una bola de fuego a los pies. Desde aquí las vistas a los campos y riberas fluviales de los alrededores son magníficas.

Un monumento notable es la **iglesia de la Asunción,** que destaca por su prominente campanario del siglo XIII y la leyenda asociada a ella pues aquí se venera, en la segunda capilla entrando al templo (a la izquierda), una viga que según los dominicos fue testigo del milagro del fuego de Santo Domingo.

A la salida de Fanjeaux, camino de Montréal, se conserva un puente de piedra sobre el cual hay una cruz del siglo XIII, la **Cruz de Tolosa,** atribuida erróneamente a los perfectos cátaros. Las vistas a la localidad encaramada sobre un altozano son desde aquí excelentes. Igualmente desde el **Seignadou,** el mirador de Fanjeaux, se obtienen vistas panorámicas sobre la Montaña Negra, el Alaric, los Pirineos y toda la región del Lauragais. Hay un monumento que conmemora otro milagro del santo realizado aquí, y que le llevó a la fundación de un convento femenino: el de **Santa María de Prouilhe.** Hoy es un edificio del siglo XIX, construido bajo los patrones romano-bizantinos y llevado por monjas dominicas.

¿Sabías que...?

En tiempos medievales para esclarecer verdades se recurría a la "prueba del fuego". Al parecer, Santo Domingo para demostrar la verdad de su fe sobre la herejía cátara hizo poner sobre el fuego uno de sus libros y otro de los doctores albigenses y así demostrar los errores de esta doctrina. Milagrosamente el suyo no ardió, pero sí el de los herejes que incluso intentaron quemarlo en tres ocasiones sin conseguirlo. Se conoce como el milagro del fuego de Santo Domingo.

▶ Iglesia de la Asunción en Fanjeaux.

▲ Sainte-Cécile y el Puente Viejo, emblemas de Albi.

OTRAS IMPORTANTES LOCALIDADES RELACIONADAS CON LOS CÁTAROS

Fuera de la región o departamento del Aude existen otras localidades relacionadas de manera directa con la herejía cátara. Por ejemplo, **Albi** (▶29) de donde proviene el nombre de "Cruzada Albigense" y que tuvo un obispo cátaro. Se sitúa a orillas del río Tarn, sus arcillas rojizas fueron la materia prima para elaborar los ladrillos que caracteriza su arquitectura local, ya sea en su catedral, en sus templos, puentes, palacios o molinos. Entre sus principales monumentos destaca la **catedral de Sainte-Cécile,** con su porte defensivo y que se construyó para luchar contra los herejes y el **Puente Viejo,** uno de los más antiguos de Francia, y aún en uso y que forma parte inequívoca de la imagen de la ciudad. Junto a la catedral se encuentra el **Palacio de la Berbie,** antiguo palacio episcopal construido en la etapa final de la Cruzada Albigense y actual sede del Museo Toulouse-Lautrec, pintor nacido aquí.

Toulouse (o Tolosa, también conocida como "la ciudad de las violetas"), fue también sede del obispado cátaro y también de la causa occitana ante el poder de los reyes franceses. Hoy es una elegante y vital ciudad del sur de Francia, capital de la aeronáutica. Ya en el Ariège, **Pamiers** fue también obispado cátaro y dispone de un bonito casco antiguo con una calle y torre de iglesia característica: la rue des Cordeliers.

Mirepoix por su parte presenta una plaza medieval con soportales de madera mientras que el **castillo de Foix,** un irredento feudo cátaro parece sacado de un cuento de hadas.

Otros lugares emblemáticos de la herejía cátara cercanos a Carcasona son la enigmática villa de **Minerve** y el complejo defensivo de **Les Tours.**

Oficina de Turismo de Albi
✉ 42, rue Mariès
☎ 05 63 36 36 00
🖥 www.albi-tourisme.fr

Oficina de Turismo de Toulouse
✉ Place Charles de Gaulle, donjon du Capitole
☎ 05 17 42 31 31
🖥 www.toulouse-tourisme.com

▼ Vista de Fanjeaux.

Los **Castillos Cátaros**

Este capítulo trata la ruta principal de los castillos cátaros que en su mayoría optan a la próxima declaración de Patrimonio de la Humanidad en 2026: Termes, Aguilar, Peyrepertuse, Quéribus, Puilaurens y Montségur. Paisajes misteriosos e intrincados donde vivieron los cátaros y se desarrolló la Cruzada Albiguense. Así lo atestiguan núcleos como Foix o Mirepoix, siniestros castillos colgados de peñascos como el de Quéribus o Montségur, fascinantes paisajes que transportarán al visitante a un curioso mundo medieval. Muchas veces subiendo o bajando de esas inexpugnables fortalezas, uno se pregunta cómo se vivía en estas tierras de feudos de frontera donde, en realidad, se enfrentaban interpretaciones sobre una misma religión, mezclada con intereses económicos y políticos.

La ruta de los Castillos Cátaros

La ruta del País Cátaro publicitada y promovida desde diferentes entes turísticos de la región del Aude comprende buena parte de los puntos descritos enmarcados en la región montañosa de Les Corbières, pero en realidad existen tanta rutas de los cátaros como viajeros interesados en esta temática. A continuación va nuestra propuesta.

LO QUE HAY QUE VER

| LAGRASSE ★★

Se trata de una bella localidad al norte de Les Corbières y rodeada de una antesala de viñedos de donde se extrae excelente vino local. Atravesada por el río Orbieu, su imagen más evocadora se observa desde un pequeño altozano que la domina, con el magnífico **Pont Vieux**, una hilera de casas que miran al río y la torre de la abadía, uno de los monumentos más turísticos de la zona. La población tiene un agradable paseo arbolado, restos de las torres y murallas que la encorsetaban y defendían, y la interesante **place de la Halle,** con edificaciones del siglo XIV.

Sainte-Marie de Lagrasse, o Sainte-Marie-d'Orbieu, es una abadía benedictina románica, cuyos orígenes datan del siglo VII. Fue una de las primeras de la orden benedictina y una de las más antiguas de Europa, fundada por el monje Benito

✉ A 38 km de Carcasona por la ctra. nacional 113 y D3

Monasterio de Lagrasse
✉ Entrada por el gran portal abacial, a la derecha del Logis
☎ 04 68 58 11 58
🌐 www.lagrasse.rog
🕐 De abr-nov
de 15.15-18.15 h, salvo jue.
🎫 2,50 €

▼ Abadía de Lagrasse y destacados relieves en su interior.

LOS CASTILLOS CÁTAROS

Aigues-Vives
a Lastours, Mazamet y Saissac
PL

Villesèquelande
CARCASSONNE
N 113
Trèbes
D 610
Douzens

D 119
26 Arzens
Alairac
Lavalette
Cazilhac
Fontiès d'Aude
Barbaira

Préixan
Cavanac
Palaja
Monze
A U T O R O U T E   D E S
D

a Fanjeaux
Leuc
10
Montagne d' Alari
D 3

Coufloulens
Montclar
Rouffiac-d'Aude
24
Verzeille
5
Montlaur
3
5
5
10
Ribau

Cepie
D 118
Villefloure
Arquettes-en-Val
Servies-en Val
66

23
D 623
11
St. Hilaire
Labastide-en-Val
Rieux-en-Val
L
3

Lauraguel
Pieusse
Gardie
N-D de Marceille
Villebazy
Caunettes-en-Val

Limoux
Clermont-sur-Lauquet
Plateau de Lacamp
St-Pier-des-Car

5
6
4
St. Polycarpe
7
Caunette-sur-Lauquet
8
St. Martin-des-Puits

Magrie
Villardebelle
3
Termes

5
Tourreilles
Montjoi
Vignevieille
58

7
Alet-les-Bains
12
Mouthoumet
Daveje

Bourièege
Roquetaillade
Terrolles
Valmigère
13
Albières
Laroque-de-Fa

3
7
26
Festes-et-St. André
Antugnac
Coustaussa
D 613
Arques
11
Auriac
è
r
4

11
Espéraza
Couiza
5
Forêt du Rialsesse
3
b
Massac

Rouvenac
Rennes-le-Château
Rennes-les-Bains
17
o
r
i

Campagne-sur-Aude
Granès
6
C
Soulatgé
7
Duilhac-Peyrepe

10
Brenac
Bugarach
9
Coubières-sur-Cinoble
3

5
St. Feriol
St. Just-et-le-Bézu
St-Louis-et-Parahou
Cucugna

a Puivert, Montségur, y Roquefixade
Quillan
Belvianes-et-Cavirac
7
52
St-Paul-de-Fenouillet
7
6

10
St-Marti-Lys
D 117
Caudiés-de-Fenouillèdes
Caille

Marsa
Caille
Axat
Puilaurens
Fenouillet
11
D 117
11
Fenouil
11

Bessède-de-Sault
12
le Clat
Salvezines
Fosse
St. Martin
Rasi

6
D 118
5
Gincla
Ansignan
Lansac
Ca

Roquefort-de-Sault
Ste-Colombe-sur-Guette
Montfort-sur-Boulzana
8
Trilla
Caramany

4
11
Counozouls
Rabouillet
15
Sournia
7

Escouloubre
Forêt d'Ayguesbonnes-Boucheville
Tarerach
Ille-s

18
Mosset
16
Marcevol
12

D 14
N 116
Molitg-les-Bains
Vinça

Puyvalador
Urbanya
Catllar
51
Marquixanes
Rigarda

• • • • • • • • • •

✉ A 46 km de Carcasona

Castillo de Villerouge-Termenès
📞 www.villerouge.fr
☎ 04 68 70 09 11
💶 7 €

de Aniane que vivió en la corte de Carlomagno, a quien la leyenda también atribuye la fundación de este cenobio gracias a un milagro.

Adquirió gran esplendor en el medievo merced a donativos y prebendas de los señores de la zona ligados a los condes de Barcelona, siendo capital espiritual de Occitania durante la etapa medieval y cátara. Su declive comenzó con la Cruzada Albigense y la llegada de una temible peste. Desde la Revolución Francesa el edificio se dividió en dos lotes, partición que continúa hasta nuestros días y que limita la visita completa de las instalaciones.

Sin embargo, se puede visitar el Logis Abbatial o Palais Vieux así como el monasterio propiamente dicho. El **Palacio Viejo** fue sede de una influyente abadía que abarcaba extensas propiedades e incluso influyó en el devenir de la conquista de Carcasona. Sus dependencias se distribuyen alrededor de un patio con dos galerías de capiteles, alguno atribuido al conocido maestro Cabestany. Se muestran escenificaciones de personajes que evocan el pecado y la lujuria. Otra parte destacable es la torre prerromana, donde por una escalera se asciende al dormitorio de los monjes. Una sala del palacio está dedica a la obra artística del maestro Cabestany. La fachada actual data del siglo XVIII.

Algo anterior es su **claustro,** edificado con piedra rosácea de la región existiendo todavía vestigios de uno anterior de 1280. La iglesia fue fundada por Carlomagno dado un supuesto milagro pudiéndose observar los restos de la basílica romana y el templo prerromano. Por su monumentalidad destaca también la torre campanario edificada en 1537 integrándose a las fortificaciones de siglos anteriores. Poligonal tiene una altura de 42 m. Una escalera conduce a una galería donde se vuelve a observar otro capitel del maestro Cabestany representando a Adán y Eva. Las visitas al monasterio son atendidas por los mismos monjes que además están al cargo de su restauración.

▮ VILLEROUGE-TERMENÈS ★★★

Es un agradable burgo de carácter rural ocupado por este imponente y famoso castillo, pues aquí se juzgó y quemó al último "perfecto" cátaro. Las estrechas calles llevan al descubrimiento de su patrimonio compuesto por una puerta medieval, un jardín de origen medieval y la **iglesia Saint-Etienne** con su retablo del siglo XVI enteramente restaurado.

Las informaciones históricas de este castillo se remontan a principios del siglo XII. De dicha época y hasta la Revolución Francesa, los poderosos arzo-

◄ Castillo e iglesia en el pueblecito de Villerouge-Termenès.

bispos de Narbona fueron los señores del castillo y del pueblo. Pero el **castillo** fue varias veces ocupado debido a los conflictos entre los arzobispos de Narbona y los señores de la región.

Por su ubicación algo baja respecto al terreno circundante, la construcción no tiene aire militar ni de defensa, es por ello que el mismo arzobispo de Narbona lo utilizase como residencia estival. Enteramente restaurado, hoy es un notable ejemplo de arquitectura militar del siglo XIII, con cuatro torres ocupando los ángulos y planta cuadrangular.

Se accede por el norte, por una rampa precedida de una puerta fortificada. La visita guiada con un audiovisual (en español) titulado *"El mundo de Guilhem Bélibaste, último Perfecto Cátaro"* sirve para explicar el catarismo, el poder del arzobispo de Narbona y de la vida cotidiana en la Villerouge-Termenès en el siglo XIV. Gracias al circuito escenográfico, en tres niveles, el visitante se siente transportado 700 años atrás. Sonidos e imágenes desfilan junto con maniquíes vestidos de época y frescos murales.

Un lateral del castillo está reservado a *La Rotisserie Médiévale*, original restaurante que propone recetas rigurosamente restituidas de los siglos XIII-XV, gracias a la colaboración de historiadores y me-

¿Sabías que...?

El castillo y el pueblo de Villerouge-Termenès está íntimamente ligado al final de la historia del catarismo pues en 1321, Guilhem Bélibaste, último perfecto cátaro occitano conocido, fue quemado vivo. Guilhem Bólibaste fue iniciado al catarismo y fiel seguidor hasta convertirse en "perfecto" en Cataluña, donde se había refugiado. Su muerte marca el final de la religión cátara.

Por los Castillos Cátaros

Abarcar todos los castillos cátaros es imposible, por lo cual, aquí se presenta una ruta fácil y que accede a buena parte de los más interesantes.

Distancia
140 km

Duración
2 días

Punto de inicio
Cucugnan

Punto de llegada
Montségur

❚ La carretera D117 atraviesa la comarca de la Fenouillèdes (norte de Pyrénées Orientales), zona vitivinícola donde se produce el dulce vino de Maury. Justamente en esta localidad se toma una carretera de curvas: la D19 que accede al espectacular castillo roquero de **Quéribus** (▶30), con su porte inexpugnable (7 km). Bajo el castillo la bonita localidad de **Cucugnan**, un lugar ideal para el alojamiento.

La D14 atraviesa extensos campos de viñedos hasta una cresta rocosa defendida por uno de los castillos más completos y notorios del recorrido: **Peyrepertuse** (▶31), a 8 km.

❚ La carretera D14 rodea la cresta defensiva hasta el pueblecito de **Cubières-sur-Cinoble** donde parte una aventurera carretera (D10) que atraviesa las Gargantas o **Gorges de Galamus** (▶28), para volver al Valle del Agly.

Siguiendo esta recta carretera se llega al poblado de **Lapradelle** desde donde se divisa el **castillo de Puilaurens** (▶78), a 54 km: mágico y rodeado de bosques. El paisaje se hace más agreste pasando por el desfiladero de Pierre-Lys hasta la localidad de **Quillán**, donde se puede dormir y comer (18 km).

❚ Desde aquí la carretera D117 asciende de manera vertiginosa hasta llegar a la pequeña meseta o Plateau de Sault. Desde el castillo residencial de **Puivert** (▶80), con su amplio patio de armas y monumental torre se observa un paisaje que parece dibujado (16 km).

La carretera D16 nos lleva hasta el vecino departamento del Ariège después de la localidad de **Bélesta**. El paisaje se hace más accidentado con ríos caudalosos y bosques de hoja caduca.

❚ Pronto se divisará el *pog* o cima donde se halla el mítico **castillo de Montségur** (▶38), donde fueron quemados los últimos herejes (24 km).

El **castillo de Roquefixade** (▶81), a 16 km, no queda lejos ni tampoco la localidad de **Foix** (▶37), a 34 km, también feudo del catarismo y con un imponente y característico castillo.

▲ Castillo de Queribus, al inicio del recorrido.

dievalistas. El 15 de agosto se celebra el interesante **Festival Medieval,** en colaboración con el Centre National d'Études Cathare (CNEC).

TERMES ★★

Las ruinas del notable castillo se yerguen por encima de un muy agradable y pequeño pueblo con su iglesia medieval y su ajardinada ribera junto al río.

Viniendo por la carretera D212 de Lagrasse, el castillo aparece entre los bosques de manera mágica e imponente. Hay que atravesar el pequeño río y ascender una fuerte pendiente, unos 15 minutos, para llegar junto a estas imponentes ruinas que disponen también de unas vertiginosas vistas sobre el Sou, afluente del río Orbieu y las gargantas de Terminet.

Entre tantos restos defensivos se definen dos cercos de murallas circulares separadas por un camino de ronda que defienden al castillo y la torre o cuerpo central. La fortaleza –una de las más influyentes y poderosas de Les Corbières– estuvo bajo la titularidad de señor feudal Ramón de Termes, que entró en conflicto con los arzobispos de Narbona, sobre todo por la posesión de unas minas que también reclamaban los monjes benedictinos, (además de ser amigo y protector de la causa cátara).

Ramón de Montfort instaló potentes catapultas y aun así tardó más de cuatro meses de asedio para poder tomar la plaza a finales de septiembre de 1210. En la batalla murieron de hambre cientos de hombres, tanto cruzados como cátaros. El castillo y las tierras del señorío pasaron a manos del arzobispo de Narbona. Muy pronto los hijos de Raymond de Termes lo volvieron a recuperar hasta 1229, perdiéndolo definitivamente en 1246. Por el tratado de Meaux pasó a la corona francesa. En 1653 el rey francés decidió su destrucción. Hoy solo se conservan grandiosas ruinas de lo que fue la poderosa fortaleza y una característica ventana en forma de cruz, de la vieja capilla.

CASTILLO DE AGUILAR ★★

Cercano a la localidad de **Tuchan,** el castillo de Aguilar formó parte de los conocidos como "Los cinco hijos de Carcasona", junto con el castillo de Quéribus, el de Peypertuse, el de Puilaurens y el de Termes, formando la frontera meridional con el condado de Barcelona. Sufrió la Cruzada Albigense y fue pasando alternativamente de la corona aragonesa al rey de Francia, en sus muchas luchas por conseguir el dominio.

· · · · · · · · ·

✉ A 50 km de Carcasona por la D118, D104, D204, D110, D56 y D40

Castillo de Termes
🌐 www.chateau-termes.com
☎ 04 68 70 09 20
🕐 De 10-19.30 h; cerrado de noviembre a marzo
💶 6 €

▼ Castillo de Aguilar entre los viñedos de Tuchan.

▲ A pesar de su estado ruinoso, la visita al castillo de Aguilar es muy recomendable.

✉ A 80 km de Carcasona por la A61 (salida 25) y la D106. A 37 km de Perpiñán

Castillo de Aguilar

✉ 11350 Tuchan
🌐 www.tuchan.fr
☎ 06 80 44 64 25
🕐 Febrero y marzo: visita los fines de semana de 10.30 a 16.30 h.
Abril y octubre: todos los día de 10.30 a 17 h.
Mayo, junio y septiembre: todos los días de 10 a 17.30 h.
Julio y agosto: todos los días de 10 a 19 h.
Cierre anual desde mediados de noviembre a mediados de febrero.
💶 4 €

El señor de Termes –y con ello la causa cátara– perdió el castillo de Aguilar por la violenta acometida de su máximo enemigo cruzado: Simón de Montfort, que terminó asaltándolo.

Aguilar domina un bucólico y romántico paisaje entre viñedos de la llanura de Tuchan, donde se produce el vino de Fitou. Perteneciente a la familia feudal de Termes, vigilaba sigilosamente como un águila las acometidas que los cruzados organizaban contra los cátaros, en una situación privilegiada sobre un promontorio a unos 400 m sobre el nivel de mar.

Presenta una forma particular, extremadamente original entre los castillos cátaros: su planta es poligonal del siglo XII en su muralla interior pero con un recinto exterior hexagonal, construido por el rey San Luis en el siglo XIII y que encierra la torre del homenaje. Las murallas constan de seis torres semicirculares situadas en cada ángulo, que datan de principios del siglo XIII. Presenta en su parte exterior una pequeña iglesia dedicada a Santa Ana, de porte románico, muy sencilla, y con bóveda de medio punto. Esta fortaleza se protege también con defensas naturales: dos barrancos al oeste y al sur, dificultando las acometidas de los cruzados en las persecuciones contra los cátaros.

A la fortaleza se asciende por un estrecho camino asfaltado con poca visibilidad y por donde solo caben dos vehículos.

Al sur de Aguilar y antes de llegar a Cucugnan y al **castillo de Quéribus,** se yerguen la ruinas de lo que fue el **castillo de Padern,** propiedad de los abades de Lagrasse hasta 1579. Reconstruido en el siglo XVII hoy presenta un estado ruinoso dominando la población homónima. Se observan todavía los vestigios de una torre circular y los muros del *logis*.

CASTILLO DE QUÉRIBUS (▶30)   ✱✱✱

CASTILLO DE PEYREPERTUSE   ✱✱✱

De su importancia en la Edad Media da cuenta este impresionante recinto militar que disimula sus ruinas sobre una vertiginosa y amplia cresta rocosa que se eleva como un precipitado gavilán sobre la llanura. Esta "piedra abierta", como indica su topónimo, parece inaccesible, sin embargo se llega a ella mediante una excursión a pie de una escasa media hora que parte desde el norte al pie del acantilado recorriendo la parte más umbría y misteriosa del asperón rocoso.

El castillo pertenecía en el siglo IX, como el de Quéribus, al conde de Besalú, vasallo del rey de Aragón, por lo que se libró durante tiempo de los ataques de los cruzados siendo muy discutible que en él habitaran cátaros y *faidits* o señores desposeídos de sus feudos durante la Cruzada. En el siglo XVI con el Tratado de los Pirineos y al pasar las fronteras a tierras más meridionales, perdió su valor estratégico. El extenso conjunto, cuyas ruinas están bien restauradas, está formado por el castillo bajo o el primitivo feudal propiamente dicho que data del siglo X y el **castillo Saint-George,** superior (a unos 60 m de altitud sobre el primero) y al que

✉ A 74 km de Carcasona entrelazando diversas carreteras locales hacia el sur. También por la D118 dirección Quillán, la D117 hasta Maury enlazando con la D19 y D14 en Cucugnan. A 47 km de Perpiñán

Castillo de Peyrepertuse
✉ Sobre la carretera D14 pasando el núcleo de Duilhac, a 3 km
🕐 De 10-17 h
☎ 04 30 37 00 77
🖥 www.peyrepertuse.com
💶 12 €

Office de Tourisme de Cucugnan
✉ 2 Route de Duilhac, 111350 Cucugnan
☎ (0033) 46 845 69 40
🕐 De lun-sáb de 10-16 h

▼ Peyrepertuse desde el castillo de St-Georges.

✉ A 44 km de Carcasona
hacia el sur por la D342,
D204, D104, D51, D54

Castillo de Arques
- 🌐 www.arques.wixsite.com
- ☎ 04 68 69 84 77
- ⏰ De 10-13 h y 14-18 h
- 💶 6 €

Rennes-Le-Château
✉ A 45 km desde Carcasona
hacia el sur por las
carreteras D118 y D613

▼ Arques y Rennes. Castillos
que no participaron en la
historia cátara.

se accede por una interminable escalera azotada, en ocasiones, por la fuerte Tramontana. Este último fue construido por el rey Luis IX de Francia en 1242. Entre ambos castillos existe una considerable explanada protegida por la naturaleza rocosa del emplazamiento y por dos murallas a sus lados que parapetan los bordes de los acantilados. El primer castillo se organiza en torno a un patio de armas donde todavía se pueden observar restos de las letrinas y lavaderos. En el extremo más meridional se aloja una edificación donde vivía el gobernador que disponía de una cisterna ubicada en la torre redonda. Al lado se hallan los restos del ábside de la **capilla de Sainte-Marie** erigida en 1115.

▌ ARQUES ✶✶
Llama la atención el elegante porte del castillo formado esencialmente por una hermosa torre amurallada y su ubicación en una zona llana. Realmente nada tuvo que ver con el catarismo y la Cruzada Albigense, aunque ya estaba levantado en aquellos tiempos y pertenecía a los señores de Voisins. Eso sí, uno de los señores, Pierre de Voisins, había sido capitán de los cruzados a las órdenes del señor de Montfort.

El castillo presenta una elevada torre central de 25 m rematada con torrecillas redondas en las aristas de sus cuatro ángulos. La del homenaje está defendida por una muralla rectangular donde se inserta, en un extremo, una torre *logis* construida posteriormente, en el siglo XIV. Una puerta en la muralla precede a la torre central del castillo.

▌ RENNES-LE-CHÂTEAU ✶
Bonita localidad encumbrada sobre la localidad de **Couiza** con un castillo del siglo XVI de los duques de Joyeuse, que obviamente nada tiene que ver con los cátaros, aunque aquí se dice que el entonces y controvertido párroco de la localidad François Bérenger Saunière encontró el famoso tesoro cátaro. Lo cierto es que el pequeño burgo con sus defensas, la torre-castillo y su iglesia rezuman un aire de misterio más en momentos de niebla o cuando oscurece. Cercanas están las impresionantes ruinas del **castillo** cátaro **de Coustaussa,** construido por los señores de Trencavel en el siglo XII.

▌ CASTILLO DE PUILAURENS ✶✶✶
Esta espectacular fortaleza se alza sobre un espolón rocoso que domina el valle del río Boulzane desde sus 697 m de altura. Hoy resalta como un fantasma en la noche gracias a la iluminación que se ha

▲ Puilaurens, uno de los castillos cátaros mejor conservados.

● ● ● ● ● ● ● ● ● ●

✉ A 69 km de Carcasona hacia el sur por la D118 y D117. A 59 km de Perpiñán

Castillo de Puilaurens

✉ A la salida del núcleo de Lapradelle por la D22

☎ 04 68 20 65 26

🕐 De 9.30-18.30 h, cerrado de mediados de noviembre a mediados de marzo y en días de tormenta y viento

💶 7 €

ℹ En restauración parcial

colocado en sus alrededores. Durante el día luce inexpugnable rodeado de un frondoso y misterioso bosque donde todavía habitan los osos.

Los cátaros lo usaron como refugio durante la Cruzada, ya que era un lugar donde vivían muchos "perfectos". A pesar de la distancia con Toulouse, los señores de Puilaurens estuvieron siempre por la causa occitana y a su vez, los cátaros. Así lo demostraron en dos ocasiones, a finales de 1211 y en 1212. Finalmente en 1226 la plaza cayó en manos del rey francés Luis VIII.

La subida al castillo de Puilaurens se acompaña de un camino a modo de jardín botánico, perfectamente rotulado, para poder identificar plantas y arbustos de la zona. Una vez traspasada la puerta de entrada sur, bajo su barbacana, se accede al patio de armas, con unos paneles detallando todas las estancias de la fortaleza.

Esta fortaleza, como la mayoría de los castillos cátaros, fue construida sobre la cresta de la montaña, alrededor de un primitivo torreón de origen romano, dotándose de dos murallas gemelas –la primera alrededor de un amplio patio, la segunda adherida al torreón cuadrangular y su destacada torre del homenaje del siglo X. Posteriormente, en el transcurso de los siglos XIII y XVII se fueron añadiendo defensas secundarias. Hoy se observan cuatro torres redondas con un característico dentado de almenas; su torreón más saliente de

la segunda muralla se conoce como "de la Dama Blanca", puesto que existe una leyenda sobre este personaje (el fantasma de la sobrina de Philippe de Bel que se pasea por las noches de luna llena por todo las murallas entre la niebla).

Al pie mismo del castillo de Puilaurens, se cobija el pueblo de **Lapradelle,** rodeado de frondosa vegetación. A pocos kilómetros se puede visitar la **cueva de Aguzou,** y los impresionantes **desfiladeros de Saint Georges y Pierre Lys,** donde se practican deportes de aventura. No muy lejos quedan el pico más elevado de Les Corbières, el **Pic de Bugarach,** y el **bosque des Fanges,** formado por magníficos pinos.

I CASTILLO DE PUIVERT ★★★

Si bien la mayoría de los castillos cátaros se encaraman en altos riscos para mejor defensa y vigilancia, el de Puivert se halla sobre una pequeña colina, la de Quercorb, de fácil acceso y dominando una extensa planicie. Sin embargo se enclava en un punto estratégico: el cambio de divisoria de aguas entre el Atlántico y el Mediterráneo. Su función era más bien residencial y no fue objeto de grandes hazañas bélicas.

La actual construcción data de las reformas que hicieron sus dueños en el siglo XIV. Para acceder a la fortaleza era necesario atravesar un puente levadizo suspendido sobre un foso. Una segunda defensa consistía en una torre y puerta cuadrada coronada con el blasón de la familia de Bruyéres. La torre permite acceder al patio principal, rodeado por seis torres y una muralla. La torre del homenaje ocupa el centro de la fortaleza, tiene una altura de 35 m y cuenta con cuatro salas superpuestas. Solo la de la planta baja tiene una apertura; el acceso a las otras tres se hace sobre una pasarela de hierro. La primera, que servía como capilla, está adornada con figuras que representan pasajes de las Sagradas Escrituras, cuenta también con un altar muy hermoso. Una escalera de caracol permite descubrir la sala de vigía en la segunda planta. La última sala, la más noble, es la llamada **sala de los Músicos** pues está adornada con figuras de personajes tocando diferentes instrumentos musicales. Es posible acceder a la terraza que corona la torre, pudiendo contemplarse desde la misma unas vistas impresionantes de la bucólica llanura agraria y de un lago cercano.

En el pueblo de Quercorb, junto al castillo de Puivert, existe un **museo** donde de exhibe una maqueta del castillo de Puivert y la **sala Instru-**

· · · · · · · · · ·

A 54 km de Carcasona por las carreteras D118 y D117

Castillo de Puivert
Por la carretera D16 y luego por un camino secundario, en no muy buen estado y antes de llegar al núcleo de Puivert Camp-Ferrier
04 68 20 81 52
www.chateau-de-puivert. com
Del 8 de octubre al 1 de mayo: abierto todos los días salvo el sábado de 10-17 h. Del 1 de mayo al 8 de octubre abierto todos los días de 9 a 19 h. Cierre anual del 15 de noviembre al 20 de diciembre.
7 €

Musée du Quercorb
16 rue du Barry du Lion
04 68 69 81 51
www.museequercorb.com
De mitad de jul. a final de ago. de 10.30-19 h; de abr. a mitad de jul. y sep. de 10.30-12.30 h y de 14-18 h; oct. de 14-17 h; cierre anual desde prinicipios de noviembre a principios de abril.
5 €

mentarium, dedicada a los instrumentos y la música medievales representados en la sala noble de la torre del castillo.

Cercano a Puivert se ubica el núcleo administrativo de **Quillán,** capital turística del Alto Valle del Aude y punto de salida para hacer interesantes excursiones como la cueva de Aguzou, siguiendo la bonita carretera D118 y el río Aude. Vecino a Puivert está el **castillo de Chalabre,** donde se desarrollan curiosas e interesantes actividades relacionadas con el mundo medieval.

▌CASTILLO DE MONTSÉGUR (▶38)   ✱✱✱

▌CASTILLO DE ROQUEFIXADE   ✱

Las ruinas de este castillo mencionado por primera vez en 1034 parecen fortificar la cresta rocosa donde se asientan. Fue una fortaleza vigía que guardaba el castillo de Montségur y el paso hacia Foix. *Rocafixada* significa en occitano "roca agrietada", por la configuración de la peña donde el castillo se asienta. Su arquitectura presenta escaso interés pues está en manifiesta ruina; eso sí, es un excelente lugar para la contemplación del paisaje infinito que se divisa desde su cima.

🌐 www.roquefixade.fr/chateau
📖 Entrada libre

▲ Indicaciones para el pueblo y castillo de Roquefixade, encaramado en la punta de un risco.

◄ Puivert, con su singular torre del homenaje.

GASTRONOMÍA

El Rosellón, que estuvo mucho tiempo ligado a España y concretamente a Cataluña, tiene influencias catalanas en la cocina que se manifiestan por ejemplo en sus salsas. El país cátaro más occitano posee una cocina recia caracterizada por su plato estrella: el *cassoulet*, que nos puede recordar (salvando las distancias) a la fabada asturiana.

▌De la huerta al mar

La gastronomía de esta parte de Francia está muy ligada a una economía mediterránea donde todavía el peso del sector primario: silvicultura, ganadería, agricultura y pesca tienen importancia. Se pesca en los caudalosos ríos pero también en el litoral mediterráneo, rico en especies como las características ostras y las anguilas clásicas de pueblos cercanos a Narbona como Bages o Gruissan.

Las tierras del valle del Aude y de la fértil llanura del Rosellón son ricas en árboles frutales (albaricoques, cerezas, manzanas, melocotones, melones, peras…) y hortalizas (berenjenas, tomates, patatas, lechugas…).

▼ Algunos productos gastronómicos típicos para comprar.

En el litoral se puede comer excelente pescado y marisco, destacando el congrio, el mero o las doradas que se sirven a la plancha *(grillées)* con legumbres cocidas. Las ostras son famosas en el étang de Leucate, donde es posible probarlas crudas con su profundo sabor a mar y un poco de limón. Los mercados como el de Narbona y en otras localidades marineras es posible adquirirlas por un precio muy competitivo. Las sardinas asadas son muy corrientes en Port-Barcarès, Saint-Cyprien o Canet-Plage. En Collioure son famosas las anchoas, pero existen buenos restaurantes donde se pueden probar excelentes parrilladas de marisco. La langosta por ejemplo es común comerla en Banyuls-sur-Mer y si hablamos de pescado de río, la trucha es exquisita y se sirve en restaurantes de Quillán.

▌Que no falten la carne y los embutidos

En el interior es común la carne de caza pero también de matanza siendo buenos los jamones, salchichones y como no, los patés. Los quesos de cabra tienen matices locales y varían según el valle. En estas tierras y en sus zonas más agrestes es muy común la venta de miel y plantas aromáticas (no solo como condimento de comidas sino también curativas).

El *cassoulet* es el plato estrella del país cátaro y tiene especialidades locales que se caracterizan siempre por ser un plato recio y de difícil digestión. El nombre procede de cazuela de barro local o *argile d'Issel,* donde se cuecen las alubias con diversos tipos de carne y embutidos. Muy conocido es el *cassoulet* de Castelnaudary pero también el de Limoux o el de Carcasona, que incorpora carne de caza.

▌ Sabores del Mediterráneo

La zona del Rosellón y en general el departamento de Pyrénées Orientales tiene influencias del sur y concretamente catalanas. El uso del aceite de oliva en lugar del aceite de girasol, las plantas aromáticas, el ajo y el tocino o *sagit,* se hace común en estas tierras así como salsas como el alioli, romesco o la picada (almendras, pan tostado, aceite de oliva y un poco de vino tinto). Platos como la *ollada* (una especie de sopa con cerdo, patatas, alubias y *sagit),* las butifarras o los caracoles o *escargots* aquí son platos y productos comunes.

Los postres también son ricos y variados según el valle o zona visitada. Destacan las rosquillas azucaradas o *rousquilles*, y los turrones o *tourons* en los valles cercanos al Rosellón (también conocidos como *croquants de Saint-Paul,* que se elaboran con almendras locales y a veces con piñones y avellanas), las *alléluias* de Castelnaudary con fruta confitada o los *marrons glacés* de Carcasona.

▌ Vinos de excepción

La región es rica en vinos y por ser tierras muy soleadas suelen ser vinos dulces naturales. Sobresalen en el Rosellón y valles vecinos el *Côtes de Roussillon,* o el moscatel o *muscat de Rivesaltes, Banyuls* o *Maury,* ideales para el aperitivo pero también para acompañar postres o quesos.

En la zona del País Cátaro destacan los vinos del Minervois, más secos, y los de las Corbières, sin olvidar el famoso *Blanquette* de Limoux, al parecer el precedente del champán o *crémant.*

▲ No faltan el marisco y los pescados frescos en el litoral del Rosellón. Sin olvidar que en el interior, abundan las bodegas y cavas. El *cassoulet* es el plato estrella de la zona.

▌ Quesos

Los quesos curados en el Pirineo (Albères) y Les Corbières son normalmente artesanales tanto en elaboración como en producción. Normalmente de cabra y oveja, no están demasiado curados y suelen tener un gusto fuerte. Se comen en los postres, acompañados de un buen vino o incluso miel.

El **litoral del Rosellón** y **Perpiñán**

El litoral mediterráneo del Aude (País Cátaro) y Rosellón es variado e ideal para disfrutar de los deportes náuticos, la playa y sobre todo, la gastronomía. El norte es un litoral arenoso lleno de lagunas litorales, el sur es más rocoso pues allá mueren los Pirineos formando calas donde los viñedos llegan casi al litoral. Collioure, sin duda, se presenta como la localidad más bella y acogedora, por ello ha sido inspiración de artistas y exilio de poetas como Antonio Machado.

▌El litoral del Rosellón

El presente capítulo recorre el Rosellón o Rosselló –en catalán– en su tramo prelitoral donde se halla la capital Perpiñán con su amplio legado monumental y el litoral provisto de toda una serie de lagunas litorales o *étangs,* pero también más al sur, la agreste y a la vez delicada Côte Vermeille. Es la denominación turística que recibe el tramo de costa rocosa del mar Mediterráneo, situado en la región de Languedoc-Rosellón, el Rosellón histórico o también conocido como Catalogne Française/Pyrénées-Orientales o Catalunya Nord.

QUÉ VER EN EL LITORAL DEL ROSELLÓN

▌GRUISSAN ★★★

Se ubica al suroeste de Narbona en uno de los numerosos lagos laterales que separan tierra firme de los extensos arenales y playas del Mediterráneo en lo que constituye el **Parc Naturel de la Narbonnaise en Méditerranée**. Esta zona natural encharcada junto al Mediterráneo es muy rica y diversa en flora y avifauna, sobre todo de aves migratorias que aquí pasan el invierno. Las vistas de esta área desde la autopista A9 como desde la carretera D900, al amanecer o atardecer, son espectaculares.

El puerto de pescadores de Gruissan conserva una imagen típica y evocadora con sus casas concéntricas y dominadas por la **torre** de defensa de **Barbarroja** que se refleja en dos espejos: la laguna

◀ Puerto de Collioure y Castell Reis de Mallorca.

• • • • • • • •

✉ A 73 km de Carcasona por la autopista A9 y D168. A 77 km de Perpiñán

Office de Tourisme
✉ Boulevard du Pech-Meynaud, 11430
☎ 04 68 49 09 00
🌐 www.gruissan-mediterranee.com
🕐 En jul. y ago. de 9-20 h, resto del año de 9-12 h y 14-18 h

Maison du Parc Naturel Régional de la Narbonnaise en Méditerranée
✉ 185 Chemin de Mandirac
☎ 04 68 49 09 00
🌐 www.parc-naturel-narbonnise.fr
🕐 De lunes a viernes de 9-17 h

◀ Vista de Gruissan, a los pies de las marismas.

▲ Viñedos en los alrededores de Sigean.

y el mar Mediterráneo. Desde aquí parten barcos de pesca hacia aguas españolas y argelinas, ricas en atún, sardinas… Cercana se halla la estación termal, así como **Gruissan-Plage,** playa que conserva todavía edificaciones que se adentran en el mar, tipo palafitos, construidas a finales del siglo XIX y usadas tradicionalmente por los pescadores. Hacia el norte, el arenal continúa hasta la animada zona balnearia de Narbonne-Plage, Saint Pierre la Mer o Les Cabanes de Fleury.

La **capilla de Notre Dame des Auzils** está ubicada en el centro de un pequeño bosque sobre un altozano desde donde se domina una interesante vista con pinos, encinas y cipreses que cubren el entorno del macizo de la Clape. Próximas también se hallan las salinas –**Salins de l'Île de Saint Martin–,** concretamente en la Route de l'Ayrolle, un camino que atraviesa un mar blanco de sal que se recoge en el mes de septiembre. Se puede visitar de forma gratuita un **ecomuseo,** abierto durante todo el año excepto los meses de noviembre a febrero.

El área comprendida entre Narbona y Gruissan presenta un paisaje de viñedos que incluso parecen escalar las zonas rocosas del macizo prelitoral de la Clape. Existen importantes bodegas, como **Château l'Hospitalet,** donde se pueden degustar los vinos de la región.

I SIGEAN Y SU LAGUNA ★★

Gracioso núcleo marinero en el golfo de León, se halla enmarcado por el macizo de Les Corbières, el mar Mediterráneo y la laguna o *étang* de Bages-Sigean, constituyendo, sin duda alguna, un lugar de una geografía excepcional.

Sigean no es un centro turístico muy conocido pero tiene algunos atractivos como el **Musée de Les Corbières,** que documenta la forma de vida local a través de las actividades económicas tradicionales. Aporta información sobre la fauna y la flora de esta zona lacustre, así como los vestigios arqueológicos hallados. La visita turística de Sigean puede efectuarse siguiendo el circuito histórico que permite ver los restos de murallas y del castillo o la capilla de los Penitentes.

En la antigüedad, el puerto fluvial de Narbona se situaba cerca del actual **Étang de Bages-Sigean.** En aquella época, la laguna era un vasto golfo abierto sobre el Mediterráneo, donde los barcos de procedencias diversas fondeaban en sus tranquilas aguas. Se le denominaba entonces *Lacus Rubresus,* debido a sus aluviones teñidos por las tierras rojas proce-

• • • • • • • • •

✉ A 73 km de Carcasona por la A61 y A-9 (salida 39). A 48 km de Perpiñán

Museo de les Corbières
✉ Place de la Liberation, 11130 Sigean
🖥 www.cotedumidi.com
📖 3,20 € o 6,40 € con visita guiada

LITORAL DEL ROSELLÓN

▲ Étang de Leucate
o de Salses.

• • • • • • • • •

✉ A 88 km de Carcasona por
la A61 y A9 (salida 40).
A 88 km de Perpiñán

**Office du Tourisme
de Port-Barcarès**
✉ Pl. de la République – 66420
Le Barcarès
☎ 04 68 86 15 56
🖥 www.tourisme-lebarcares.fr
✉ Abierta de 9-12.30 h y de
13.30-18 h, domingos solo
por la mañana

• • • • • • • • •

✉ Desde Carcasona 88 km
por la A61 y A9 (salida 40).
Desde Perpiñán 18 km

Castillo de Salses
🖥 www.forteresse-salses.fr
☎ 04 68 38 60 13
🕐 Visita guiada de abr-sep de
10-18.30 h; resto del año de
10-12.45 h y 14-17.15 h
💶 9 €

dentes del alto valle del Aude. El golfo se hallaba protegido por un archipiélago formado por las islas Saint-Martin, Sainte-Lucie y de la Clape, hoy unidas al continente. En el siglo xv, el golfo se transformó en laguna litoral o *étang*, ocupando hoy una superficie de 5.500 ha que comunica con el mar Mediterráneo por el canal de Port-la-Nouvelle. Tras largos siglos de comercio marítimo floreciente, la laguna solo recibe ahora pescadores que trabajan de forma tradicional a bordo de sus *bétous* (barcas de fondo plano).

Un poco más al norte se localiza **Bages,** donde se pueden ver todavía las actividades tradicionales de pesca y probar las deliciosas anguilas locales.

❚ LAGUNA DE LEUCATE O DE SALSES   ✱

Al sur de la laguna de Bages y Sigean, se abre una pequeña laguna litoral, menos profunda, el Étang de Leucate o de Salses, que está cerrado por una estrecha barra de arena (muy concurrida en verano) donde se halla la estación balnearia de Leucate Plage y Port-Leucate.

La laguna de Leucate tiene una superficie de 54 km^2 y su profundidad máxima alcanza los 3,70 m. El lugar es ideal para degustar buen marisco pero sobre todo, ostras, que se cultivan en viveros de la zona. Igualmente son famosos los vinos que producen en la zona prelitoral dentro de la denominación de origen Vin de Pays des Coteaux du Littoral Audois, establecida en 2000.

Más al sur se halla la estación balnearia de **Port-Barcarès,** con 8 km de playa con hoteles y puerto deportivo, que suele estar masificada como ocurre en Leucate Plage en la temporada estival. La zona sufre el azote frecuente de la Tramontana, que aquí se hace notar de manera especial. Viento que por otra parte aprovechan los aficionados a la práctica de deportes náuticos.

❚ SALSES   ✱✱✱

La localidad también es conocida como Salses-le-Château, y es que el monumento más reseñable es el espléndido **castillo,** que sorprende por su situación en un área completamente llana, ahora plantada de viñedos de Fitou, fácil de atacar. Desde la época de los romanos es una zona de paso obligado entre Perpiñán y Narbona (por aquí pasaron, por ejemplo, en el 218 a.C. las tropas de Aníbal). A partir del Tratado de Corbeil, en 1258, la frontera entre la Corona de Aragón y el Reino de Francia quedó establecida en este punto, concretamente entre Salses y Leucate.

El castillo de Salses se encuentra al norte de la villa, al pie de Les Corbières, vigilando la llanura del Rosellón y la antigua vía Domitia, su objetivo era reforzar la frontera del reino catalanoaragonés frente al de Francia. Mencionado por primera vez en el siglo XI, la actual fortaleza fue construida sobre un *castrum* romano por orden de Fernando el Católico, siguiendo la tradición arquitectónica de los castillos de la meseta castellana. Era capaz de albergar a 1.500 soldados. El plano de la fortaleza es rectangular, repartido en tres espacios concéntricos y protegido por un foso de 15 m de anchura y 7 m de profundidad. Sus recios muros defensivos tienen un grosor medio de casi 10 m. El recinto incluye una plaza de armas o *cour centrale,* la casa del gobernador, la capilla (consagrada a San Sebastián), la prisión, las caballerizas y la torre de residencia. Durante el reinado de Carlos V, siendo un punto clave en los constantes enfrentamientos militares con Francia, se le dotó de nuevas e importantes defensas.

Con el Tratado de los Pirineos (1659) se pone fin a la guerra entre Francia y España y la frontera franco española se pasará a dibujar en las cumbres de los Pirineos, unos 50 km al sur. El enclave pierde así gran parte de su importancia militar. Posteriormente sirvió como prisión, fue transformado en polvorín y, durante la Guerra Civil española, se utilizó como área de refugiados. Cerca se halla Cases de Pène

▲ Vista desde el castillo de Salses.

¿Sabías que...?

Existe un pase, con un práctico librito, que permite visitar los 77 sitios más espectaculares del Rosellón y la Cerdaña con tarifas reducidas. **Pass découvertes en Pays Catalan;** *www.ledeparta-ment66.fr.*

▲ Castillo de Salses, situado en una llanura.

● ● ● ● ● ● ● ●

✉ A 93 km de Carcasona por la autopista A61 (salida 25) y D611. A 33 km de Perpiñán por la D900 y la D117

Centre Européen de Recherches Préhistoire
✉ Av. Léon-Jean-Grégory
☎ www.450000ans.com
🕐 En jul. y ago. de 10-19 h; abr. y sep. de 10-12.30 h y de 14-18 h; ene.-mar. y oct.-dic. de 10-12.30 h. y 14-17 h
💳 8 €

Musée de la Préhistoire Européenne- Prehistorama
☎ www.450000ans.com
🕐 Igual que el anterior
💳 8 €

▼ Cráneo del Hombre de Tautavel.

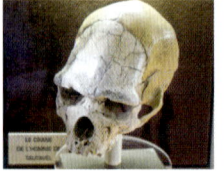

donde existe una legendaria ermita y se abrió **Ecozonia** o ecoparque de animales con la posibilidad de pasar la noche en "ecolodges"; *www.ecozonia.fr*.

❙ TAUTAVEL ✶✶

En 1971 el equipo del profesor De Lumley descubrió un yacimiento donde apareció el cráneo de un *homo erectus* de unos 20 años, que desde entonces se bautizó como "Hombre de Tautavel". Se trata de una especie perteneciente al grupo de los ante-neandertales, que no dominaba todavía el fuego pero que ya eran excelentes cazadores. Fue considerado el resto humano más antiguo de Europa hasta el descubrimiento de Atapuerca. Este hallazgo –que prueba que la llanura del Rosellón estaba habitada hace 450.000 años– suscitó la idea de crear un centro científico y cultural bajo esos abrigos de montaña calcárea que rodean el actual pueblo de Tautavel.

En el **Centre Européen de Préhistoire** a través de salas audiovisuales interactivas es posible realizar un viaje en el tiempo desde el origen del Universo hasta nuestros días, siguiendo el rastro de la presencia humana en esta región. Modernas técnicas de simulación y la reconstrucción de escenas a partir de dioramas y maquetas, extremadamente realistas, permiten hacerse una buena idea de la historia humana. El centro incluye una **reproducción** de la gruta o Caune de l'Arago, paraje de Les Corbières donde se encontraron estos restos. El **Musée de la Préhistoire Européenne-Prehistorama** complementa la visita y permite conocer en 3D la vida cotidiana de estos hombres de hace aproximadamente 1,2 millones de años.

▌Perpiñán (Perpignan)

Es la capital histórica del condado del Rosellón, la comarca geográfica homónima y el departamento francés de Pyrénées Orientales. Después de Montpellier, es la segunda ciudad en cuanto a población e importancia de la región de Languedoc-Rosellón. A pesar de su apariencia tranquila, es un animado centro cultural, comercial e, incluso, de ambiente nocturno. Como la vecina Prades, es la ciudad más catalana de Francia y eso se nota en sus calles, en el carácter de sus gentes y en parte, en su gastronomía y folclore. De hecho es considerada la capital de lo que se denomina Catalunya Nord. Los lazos culturales y económicos no se han perdido desde el Tratado de los Pirineos, y se podría afirmar que Perpiñán tiene más vínculos con Barcelona que con cualquier otra importante ciudad francesa.

Ya desde el medievo, concretamente el siglo XIII, se convirtió en capital del Rosellón, que por aquel entonces formaba parte del Reino de Mallorca. Durante la Baja Edad Media pasó a ser un importante centro comercial. La ciudad y el territorio de influencia pasaron alternativamente de manos francesas a manos aragonesas, con el Rosellón como parte del Principado de Cataluña. En ese contexto pasó a formar parte de la corona española bajo la dinastía de los Austrias y el Rosellón se convertía en

▲ El Castillet, iluminado al anochecer.

▼ Vista de Perpiñán, capital del Rosellón.

• • • • • • • • •

A 112 km de Carcasona por la A61, A9 (salida 43) y carretera de circunvalación D83

Office de Tourisme

Place de La Loge

046 866 30 30

www.perpignantourisme.com

Abierta de lunes a sábados de 10-13h y de 14-18 h. El domingo de 10 -13 h

¿Sabías que...?

Existe una mancomunidad turística que agrupa 7 oficinas de turismo y 37 comunas alrededor de Perpiñán (*www.perpignanmediterranee-tourisme.com*; telf. 04 68 80 14 00) para explorar lugares menos conocidos.

▼ Palacio de los Reyes de Mallorca, huella de la presencia española en la historia de la ciudad.

terreno fronterizo entre la monarquía hispánica y la francesa. Debido a la inseguridad constante ante la amenaza francesa por el control de esos territorios, Carlos I y Felipe II reforzaron las fortificaciones de Perpiñán y convirtieron el antiguo palacio de los Reyes de Mallorca en una destacada ciudadela.

Perteneció a España hasta 1659, cuando Luis XIII se anexionó el territorio y se firmó el Tratado de los Pirineos que certificaba la cesión de Perpiñán, junto con el resto de territorios catalanes al norte de los Pirineos, a la corona francesa. Con la creación del departamento de Pyrénées Orientales, poco después de la Revolución Francesa, Perpiñán se convierte en su capital. Sin embargo, a pesar de su nuevo estatus, Perpiñán entra en un estado de estancamiento económico y cultural durante el siglo XIX. Las murallas son demolidas a principios del siglo XX, lo que permite la expansión de la ciudad por la llanura del Rosellón.

Tras la Guerra Civil española, Perpiñán, junto con otras ciudades del Mediodía francés, acogió a numerosos exiliados republicanos españoles. En las últimas décadas también ha recibido emigración argelina y recientemente, marroquí, lo que junto a la etnia gitana afincada aquí desde hace siglos, la convierten en una urbe multiétnica como ocurre con muchos territorios constituidos en corredores geográficos de comunicación.

PERPIGNAN 1:17.000 (1cm=170m)

0 100 200 300 m

A 9-NARBONNE km 64

A 9-CARCASSONNE km 119

PRADES km 43

Passage Submersible

Pont Joffre

Avenue Louis Torcatis

La Têt

Boulevard de la France

Cours Palmarole
Promenade des Platanes

Rue Claude Bernard

des Conquelicots

Av. des Pervenches

Palais des Congrès

Square Cours Bir-Hakeim

Boulevard Jean

Lassus

CANET-PLAGE km 13

Avenue du Gén. Leclerc

Boul. G. Clemenceau

Pl. de la Resistance

Boul. Wilson

Pl. de la Victoire

Delcros

R.E. Barrisol

Castillet

R.L. Blanc

Cath St-Jean

Bourrat

Loge

R. de Lesseps

Pl. Gambetta

Hôtel de Ville

R. de l'Ardennerie

R. du Rousseau

R. du

Pl. du Puig

La Miranda

Pl. de Catalogne

Pl. S. Péri

Q. Vauban

Pl. Arago

Musée Rigaud

R. de la République

R.E. Zola

St-Jacques

Quai Vauban

R. de la Fusterie

R. Llucia

R. Petite-la-Real

Pl. Cassanyes

Rue des Carmes

Bd. A. France

Crs Lazare Escarguel

Q. Bourdan

Palais de Justice

R. des Augustins

Rue Gr-la-Real

Ste-Marie-la-Real

Pl. du 24e R.I. Ma

Pl. J. Moulin

R. J. Vielledent

Bd. des Pyrénées

Av. du Lycée

Rue du Maréchal Foch

Av. D'Genmer

Av. des Balears

R. des Rois de Majorque

Boulevard Aristide Briand

Rue du Velodrome

R. Waldeck Rousseau

Avenue Guynemer

Citadelle

Pl.V. Gouturier

Av. G. Félix Mercader

Brutus

Palais des Rois de Majorque

Av. Marcellin Albert

Av. V. Dalbiez

Boul. Henri Poincaré

Av. P. Cambre

1 PRATS-DE-MOLLO km 60-LE PERTHUS km 31 2

3 CERBÈRE km 48

LO QUE HAY QUE VER EN PERPIÑÁN

∎ EL CASTILLET ✶✶

Constituye el monumento más famoso e identificativo de la ciudad, siendo la principal puerta de entrada a lo que fue el recinto amurallado. Aunque solo una parte de lo que queda se remonta a la época de dominación aragonesa (siglo XIV), como edificio en ladrillo con sus dos robustas torres redondas y su puerta monumental tiene un valor emblemático para la población. Fue puesto de defensa de la ciudad, tras ser derribadas las murallas, y durante el reinado de Luis XIV, pasó a ser cárcel. Luis XI construyó una nueva puerta, la de Nôtre Dame o *Petit Châtelet,* sede de la Casa Pairal, donde se ha instalado la **Casa Pairal Joseph Deloncle/ Musée d'Histoire de la Catalogne Nord.** En el museo se pueden contemplar mobiliario y curiosos objetos como una colección de campanillas y campanas.

Place de Verdun

Abierto de enero a mayo y de octubre a diciembre de 11-17.30 h, salvo el lunes. De junio a septiembre de 10.30-18.30 h

2 €

UN PASEO A PIE

Distancia
Unos 2,5 km

Duración
4 horas incluyendo la visita a los principales monumentos y museos.

Punto de inicio
Palais des Rois de Majorque

Punto de llegada
Cathédrale de St.-Jean

En el barrio multirracial de Sant Jaume, en el que conviven magrebíes y gitanos, se conserva la lengua catalana arcaica, que se manifiesta también en la música: rumba catalana.

▲ Torre de la catedral de St.-Jean.

El barrio de Sant Jaume

❙ El recorrido comienza en el **Palacio de los Reyes de Mallorca** (▶36). Tras la visita al palacio se sigue por la calle Jaume I hasta que encontramos la calle dels Trobadors, la plaza de les Esplanades, la plaza Jean Moulin y la calle Côte des Carmes donde se halla el **Museo de Historia Natural**.

Instalado en una vieja mansión de los siglos XVI-XVIII y donde se expone una rica colección de flora del Mediodía o Midi francés.

❙ Sorteando pequeñas y estrechas callejas o directamente por la rue Llucia se llega a la plaza Cassanyes, muy animada con el mercado de los sábados donde observar la mezcla de culturas: gitana, árabe y autóctona. Aquí conviven el tradicional café con el café árabe, el comercio *halal* con la tienda de embutidos tradicional.

Ya visible la peculiar torre de la **iglesia de Sant Jaume** o Saint-Jacques. Tiene dos ábsides de diferente época y una sola nave. En el interior destaca un retablo del siglo XV donde aparecen escenas de la vida de la Virgen. Desde esta iglesia sale la procesión de la *Sanch* o de la sangre, que se celebra desde el siglo XV, el Viernes Santo. Contigua se halla la **Place du Puig**, antigua plaza de armas que precede a la caserna hoy ocupada por familias gitanas.

❙ Junto a la iglesia se ven restos de la muralla y los agradables **jardines de la Miranda**. Rodeando la muralla que va paralela al Boulevard Jean Bourrat se llega al **convento de Mínimas**, en la rue Rabelais.

Su **iglesia** erigida por un toledano en el siglo XVI está dedicada a Nuestra Señora de la Victoria, en honor a la Batalla de Lepanto. Destaca el claustro así como las pinturas interiores.

❙ Descendiendo la rue Rabelais se llega a otro templo: la **iglesia des Dominicains** (Saint Domènec), fundada en el siglo XIII. El edificio de planta de cruz latina tiene un bello claustro de dos plantas y una destacada sala capitular gótica. Desde allá siguiendo la misma calle se llega nuevamente al centro y la **Cathédrale de St.-Jean** (▶113).

Consta de ocho salas destinadas a variados temas como la agricultura, la artesanía, la reconstrucción de un hábitat, las fiestas, las edades de la vida, el arte religioso y los instrumentos musicales.

Es recomendable subir a la terraza superior del edificio y disfrutar de las excelentes panorámicas de la llanura del Rosellón con los Pirineos y el Canigó normalmente nevados y Les Corbières enmarcando el paisaje. En la actualidad, el Castillet, con su característico ladrillo rojo, es el punto de unión entre la ciudad antigua y la moderna.

LOGE DE MER ******
Es una elegante construcción gótica catalana edificada a finales del siglo XIV por Martí l'Humà que sirvió para ubicar el Consulado del Mar o lonja, donde se arbitraba el comercio marítimo en el Mediterráneo. En el siglo XVI sufrió una profunda transformación en la que se amplió sus interiores y adquirió la fachada actual de porte renacentista. Hay que levantar los ojos para admirar la curiosa veleta en forma de carabela en la fachada. Hoy está ocupado por la Oficina de Turismo.

Frente a la Lonja de Mar se abre una acogedora plaza con una Venus del escultor Maillol y donde muchos fines de semana se bailan sardanas. De la plaza parte una calle peatonal muy animada con pequeños comercios, algunos de ellos tradicionales.

✉ Place de la Loge
☎ 046 866 30 30

AYUNTAMIENTO (HÔTEL DE VILLE) *****
Adosado a la lonja se ubica el Ayuntamiento. Es un edificio a caballo entre los siglos XVI y XVII, que conserva también un aire gótico pero más austero que el anterior edificio. Su noble interior es visitable en días laborables destacando la **Salle des Mariages**. En su patio porticado se puede admirar otra obra de Maillol que simboliza el Mediterráneo.

✉ Place de la Loge
☎ 046 866 30 66
🖥 www.mairie-perpignan.fr
🕐 Abierto de lunes a viernes de 8.30-18 h

PALACIO DE LA DIPUTACIÓN (PALAIS DE LA DÉPUTATION) *****
Contiguo al Ayuntamiento se halla este edificio del siglo XV, que adquiere el nombre de la Comisión Permanente o Diputación que tenía el Rosellón en las Cortes Catalanas.

Tras la desaparición del Reino de Mallorca en 1344, sus territorios pasaron directamente a Aragón. Concretamente el Rosellón y la Cerdaña se integraron en el Principado de Cataluña que constituía en el seno del Reino de Aragón una entidad autónoma con las Corts Catalanes con sede en Barcelona, esta a su vez tenía como órgano representativo la menciona-

▲ Place de la Loge, con la Venus, obra de Maillol.

da diputación o representación en Perpiñán. Hasta la Revolución Francesa fue un consejo soberano que se convirtió, a posteriori, en Palacio de Justicia. Destaca la bella portada con influencias típicamente catalanoaragonesas.

I MAISON JULIA ✴

En la rue des Fabriques-d'en Nabot, en el número 2 se halla la **Maison Julia,** edificio recientemente restaurado, declarado monumento histórico en 1889. Su patio cuenta con una galería gótica del siglo XIV.

I MUSÉE DES BEAUX-ARTS HYACINTHE-RIGAUD ✴✴

Musée Des Beaux-Arts Hyacinthe-Rigaud
🖾 21 rue Mailly
☎ 04 68 66 19 83
🕑 Del 1 jun.-30 sep. de 10.30-19 h; del 1 de oct.-31 de may. de 11-17.30 h; cerrado lunes
🌐 www.musee-rigaud.fr
🎫 11 €

El Museo Rigaud lleva el nombre de este artista local que realizó retratos y pinturas para satisfacer a nobles clientes de la alta sociedad versallesca de Luis XIV. En este palacio privado del siglo XV (en proceso de rehabilitación) se exponen pinturas catalanas de la misma época y más de 200 obras de artistas contemporáneos y de autores como el mismo Jacint Rigaud, Maillol, Picasso, Miró, Tàpies, Giacometti o Dufy. La variopinta colección se completa con una exposición de arte latinoamericano así como retablos góticos catalanes.

Muy cerca, por la rue de l'Ange se abre la evocadora y animada **plaza Arago,** con una estatua de François Arago (1786-1853), astrónomo, físico y político francés. En el mismo espacio se halla la Oficina de Turismo, animadas terrazas y tradicionales restaurantes. Frente a la plaza puede verse el edificio neoclásico del **Palais de Justice**.

I PLACE DE LA RÉPUBLIQUE ✴✴✴

Animado espacio que constituye el centro vital de la localidad. Sus terrazas de bares y restaurantes se mezclan con el mercado de productos agrícolas siendo un lugar de obligada visita durante el día y por la noche, si no sopla la Tramontana. En los alrededores también se concentran lugares de animación nocturna y buenos restaurantes.

Cercana a la plaza está la pintoresca y abarrotada calleja o **rue de Paratilla**, con sus puestos de frutas y hortalizas y pescado, así como algún local de tapas con productos locales.

I RÍO TÊT Y CANAL LA BASSE ✴✴

Atraviesa Perpiñán de este a oeste y engalana la ciudad con su cauce ajardinado, ofreciendo un bonito paseo, sobre todo en primavera, cuando la vegetación florece. A lo largo del río se suce-

¿Sabías que...?

A Perpiñán se la conoce también como "la catalana". Existe un casa de la catalanidad cerca de la catedral (place Joseph Sébastien Pons) con exposiciones temporales; *www.ledepartement66.fr, telf. 04 68 08 29 35.*

den agradables y típicas terrazas en las que poder sentarnos a tomar algo, como ocurre en el **Quai Sébastien Vauban.** Diferentes puentes salvan el río y se puede recorrer por ambas orillas como el Pont Arago, Pont Joffre, el passage à gué o el Pont Général de Larminat.

Destaca en el recorrido, por su belleza, los **Allées Maillol,** ramblas que sirven de escenario de una animada feria de antigüedades, así como la **Promenade des Platanes,** un bello jardín con glorietas dominado por viejos y robustos plátanos y palmeras donde se halla el **Palais des Congrès et des Expositions.** Además de este vanguardista edificio junto al cauce real del río, en lo que se conoce como el Espace Méditerranée, se alza el moderno y singular edificio del **Théâtre de l'Archipel,** centro de la expresión artística de Perpiñán, con representaciones de ópera, danza, circo, teatro, etc.

Palais des Congrès et des Expositions
- ✉ Place Armand Lanoux
- ☎ 04 68 68 26 26
- 🖥 www.congres-perpignan.com
- 🕐 Abierto todos los días de 8-12 h y de 14-19 h

Le Théâtre de l'Archipel
- ✉ Avenue Général Leclerc
- 🖥 www.theatredelarchipel.org

▼ El río Têt, canalizado, propicia agradables paseos ajardinados.

| CATEDRAL SAINT-JEAN-BAPTISTE ★★

San Juan Bautista fue construida en 1324 por orden de Sancho II de Mallorca pero no fue consagrada hasta 1509, en un periodo muy dilatado que se explica por la llegada de desgracias como la Peste Negra y las guerras que obligaron a parar los trabajos más de una vez. Da nombre a uno de los dos barrios del casco viejo o Ciudadela (Citadelle). Externamente presenta un pórtico tipo baldaquino en piedra blanca. Destaca también la **torre del reloj,** con un bonito campanario de hierro forjado del

- ✉ Place Gambetta 66000
- ☎ 04 68 64 63 93
- 🖥 www.catedraleperpignan.fr
- 🕐 De 7.30-19 h

▲ Place de la République de Perpiñán, animado centro de la vida ciudadana.

siglo XVIII. Del interior de una sola nave resaltan los retablos del siglo XVI y XVII, en especial el dedicado a la Inmaculada Concepción. Un pasaje situado bajo el órgano gótico lleva a la **capilla de la Virgen de les Corretges,** vestigio de una antigua iglesia románica del siglo XI dedicada a San Juan el Viejo.

Adosado a la catedral se halla el **Campo Santo,** un extenso cementerio del siglo XIV articulado en una perfecta y armoniosa planta cuadrada. Es un raro ejemplar de cementerio medieval bien conservado, y uno de los más antiguos de Francia.

❙ **PALACIO DE LOS REYES DE MALLORCA** (▶36) **★★★**

❙ **MUSÉE NUMISMATIQUE JOSEPH PUIG** **★**
Ubicado algo separado del centro, a un lado del Bulevard Edmond Michelet, en dirección a la estación de tren, se ubica la **villa Les Tilleuls** (1907). Aquí se ha instalado un museo rico en monedas antiguas y medallas donde se exponen unas 2.500 piezas del total de 45.000 que constituyen el fondo. Destacan las monedas catalanas y rosellonesas grabadas en Valencia, Barcelona, Palma y Perpiñán.

No muy lejos se localiza la **Gare de Perpignan,** estación ferroviaria por donde transitan gran número de trenes de alta velocidad. Está ligada a la figura de **Salvador Dalí,** porque aquí el conocido y excéntrico artista buscaba inspiración, al considerarla el centro del Universo.

● ● ● ● ● ● ● ● ●
⊠ 42 Avenue de Grande Bretagne
⊘ De de martes a sábados de 13.30-18 h
⊟ Gratuito

LO QUE HAY QUE VER EN LOS ALREDEDORES DE PERPIÑAN

I CANET-EN-ROUSSILLON ★★

Hace más de 3.000 años el hombre habita estas tierras donde coinciden mar, río y laguna. De hecho su nombre procede de *canna* o caña, por los cañaverales existentes en la desembocadura del río Têt y la laguna cercana. Su castillo medieval era la sede del influyente señorío de los vizcondes de Canet y una de las fortalezas más importantes que defendían el camino a Perpiñán cuyo litoral era utilizado como puerto donde se comercializaban trigo, vino, aceite así como hierro de las minas del Canigó.

En la Edad Media, la ciudad estaba rodeada de murallas de más de 6 m de altura, con catorce torres y tres puertas de acceso. Hoy conserva todavía un cierto tipismo y muestra dos curiosos museos: el **Musée du Jouet** (del Juguete), con una interesante colección de muñecas egipcias del siglo xv a.C., y el **Musée de l'Auto e du Bateau,** que expone coches y maquetas de barcos.

Dotada de 9 km de playas de arena, cuenta con un núcleo balneario, **Canet-Plage,** moderno centro turístico que por otra parte ha sabido conservar el atractivo de un pueblo tradicional. Salvo la **playa del Sardinal,** al norte del puerto, el resto de las siete playas se hallan al sur de las instalaciones portuarias. En Canet-Plage se puede visitar el **Aquarium,** con especies de peces locales y tropicales.

Al sur de la localidad se halla el **Étang de Canet,** laguna litoral cuya área de protección natural ocupa 956 ha y donde se han recuperado diez cabañas tradicionales de pescadores, de las que una es visitable. El resto todavía se utiliza para la

A 116 km de Carcasona por la autopista A61, la A9 y la carretera D617 y D83 (salida 9). A 13 km de Perpiñán

Office de Tourisme de Canet-en-Rousillon

Place de la Méditerranee, 66140 Canet-en-Rousillon

04 68 86 72 00

www.canet-tourisme.com

De jul. a ago. de 9-19 h, resto del año de 9-12 h. y 14-18 h, dom. y días festivos de 9.30-12.30 h y 14.30-17.30 h

¿Sabías que...?

En Canet se abrió un acuario con más de 650 especies denominado **Oniria** que más que un simple acuario es una experiencia sensorial; *www.oniria.fr*

▼ Antiguas cabañas de pescadores en el Étang de Canet.

▲ Claustro de la catedral de Elne.

pesca controlada de la angula, cuya época de captura comprende de octubre a diciembre. Existe un sendero interpretativo de 2,5 km para observar aves así como la rica vegetación de ribera.

▌ ELNE ✳

Elna (en castellano) es la villa más vieja del Rosellón, habitada ya por tribus íberas. La antigua *Illiberis* en el siglo III era una propiedad de la familia imperial, conocida como *Castrum Helenae,* en honor a la madre del emperador Constantino I, la emperatriz Helena y de ahí el origen del topónimo. Un siglo después, fue asesinado aquí el emperador romano Constante, hijo de Constantino I el Grande. Los visigodos, al mando del temido Ataulfo, arrasaron el lugar. En el siglo VI se convirtió en sede del obispado del Rosellón, siendo la capital religiosa hasta 1602. En el siglo VIII los árabes también asediaron la ciudad.

• • • • • • • • •

✉ A 132 km de Carcasona por la autopista A61, A9, D900 y D914 (salida 6). A 14 km de Perpiñán

Cathédrale Elne.
Claustro y museos
✉ 3 rue Porte Balaguer, Plateau des Garaffes
☎ 04 68 22 70 90
🕐 De 9.30-18 h
💻 www.ville-elne.com
🎟 5 €

La **Cathédrale Ste-Eulalie et Ste-Julie** o catedral de Santa Eulalia y Santa Julia es, con diferencia, el edificio más notable de la pequeña localidad. Edificada sobre una antigua iglesia, es románica de los siglos XI-XIII, con elementos góticos. El magnífico edificio consta de planta basilical de tres naves, la central con bóveda de cañón acabada en tres robustos ábsides. En el exterior, el ábside mayor está reforzado por dos contrafuertes y con una serie de arcos ciegos. La fachada principal es de arco de medio punto, sin decoración. Bien visible es la **torre campanario** que queda en pie de las dos que tenía. Para sustituir la segunda torre, se construyó una torre de ladrillos de cuatro pisos con cuatro arcos en cada lado y decoración en las arquivoltas de basalto negro en el primer piso. El notable **claustro** se construyó entre los siglos XII y XIV. Es de planta cuadrangular irregular, comunicándose con los actuales museos de historia y arqueología. La galería sur es la única de la época románica, el resto de galerías son góticas. En su construcción se empleó mármol blanco con vetas azules de la vecina población de Ceret. Las esculturas son de temas florales y animales, con alguna escena historiada.

En la villa se conservan restos de las murallas y una de sus puertas. Interesante es la visita al **museo** del impresionista y fauvista local **Étienne Terrus**, influenciado por artistas amigos como Maximilien Luce o Aristide Maillol. Los amantes del arte románico no deben perderse en las cercanías el tímpano de la iglesia de **Saint-Génis-des-Fontaines** y la antigua abadía de **St-André**.

¿Sabías que...?

En Elna se halla la **Maternidad**, un curioso edificio que entre 1939 y 1944 acogió niños huérfanos y de desplazados durante la Guerra Civil Española en lo que se conoce como la Retirada. Se puede visitar de manera gratuita; *telf. 04 68 95 89 03*.

▼ Vistas al atardecer de la laguna de Canet.

I ARGELÈS-SUR-MER ★★

Animada estación balnearia al inicio de la rocosa Côte Vermeille. Destaca por sus excelentes playas de arena separadas por las primeras estribaciones rocosas de las Alberas que aquí desaparecen en el Mediterráneo. Su nombre procede de "arcilla" porque el antepaís es rico en este tipo de tierra. En 1939 vio llegar a decenas de millares de republicanos que se refugiaron aquí tras la toma de Barcelona en lo que se conoce como la "Retirada". Recientemente se ha inaugurado un interesante museo **Memorial du camp d' Argelès-sur-Mer**, donde se expone un retrospectiva de estos sucesos históricos referidos.

Office de Tourisme
✉ 6 rue du 14 de julliet
☎ 04 68 81 15 85
🖰 www.argeles-sur-mer.com
🕐 De abr. a sep. de 9-20 h; resto del año de lun.-vie. de 9-12 h y 14-18 h, sáb. de 9-12 h

Memorial du camp d' Argelès-sur-Mer
✉ 26 Avenue de la Libèration
☎ 046 895 85 03
🕐 Mar-sàb, 10-13 h y 14-18 h
🎫 Entrada libre

• • • • • • • • • •

A 158 km de Carcasona por las autopistas A61 y A9 (salida 42) y luego la carretera D900 y la D914. A 37 km de Perpiñán

Oficina de Turismo de Banyuls sur Mer

4 Av. de la République
04 68 88 31 58
www.banyuls-sur-mer.com
Abierta de lunes a sábado de 9.30-12 h y de 14-17.30 h

▶ Faro de Cap Bèar.

De las playas de Argelès es recomendable la **plage du Racou,** al sur del puerto. En el casco antiguo se halla la **Casa des Albères,** pequeño museo de arte y costumbres catalanas. Otro lugar visitable es el **Parc et Chateâu de Valmy,** suntuoso castillo de finales del siglo XIX que alberga el museo dedicado a la memoria de los españoles confinados en un campo disciplinario en 1939, así como un parque de 5 ha abierto al público previo pago. Su circuito botánico propone una experiencia enriquecedora para el olfato y la vista. El parque también tiene una zona llamada **Les Aigles de Valmy** (pago de entrada), donde observar aves rapaces.

❙ **COLLIOURE** (▶32)   ★★★

❙ **BANYULS-SUR-MER**   ★★

Apacible localidad que se extiende junto al Mediterráneo a los pies de la Sierra de la Albera. La historia de Banyuls-sur-Mer no se puede escribir sin mencionar a la catalana villa de Cerbère, puesto que tuvieron un pasado único y su división se llevó a cabo con la firma del Tratado de los Pirineos de 1659.

Durante la Revolución Francesa, el collado de Banyuls desempeñó un papel esencial. En 1793, las tropas españolas del general Ricardos invadieron el Rosellón, apoyadas, a menudo, por los propios habitantes. La resistencia de los habitantes de Banyuls fue realmente efectiva, aunque no pudieron evitar que las tropas francesas fueran vencidas.

El contrabando fue tradicionalmente una actividad ligada a Banyuls. Durante casi dos siglos, los pescadores de Banyuls transportaron según la época sal, tabaco, azúcar, arroz, tejidos, conservas... bajo una impunidad casi total. Poco a poco la viticultura le ganó el terreno a la pesca y hoy, junto con el turismo, son las principales actividades económicas.

▲ Barcos de pesca en el puerto de Port Vendres.

A finales del siglo XIX, el zoólogo Henri de Lacaza-Duthiers fundó el **Aquarium du laboratoire Arago,** cuyas actividades comprenden, en la actualidad, tanto el ecologismo marítimo como el terrestre. Se puede visitar el acuario oceánico del laboratorio que contiene 39 acuarios y una muestra de unas 250 especies de aves. El acuario forma parte de la **Reserva Natural Marina de Banyuls**-Cerbère.

La belleza y diversidad de los paisajes de Banyuls han sido desde siempre fuente de inspiración para artistas locales y de otros lugares, como pudo pasar en la vecina Collioure o en la cercana Cadaqués. Uno de sus más claros exponentes es Maillol, pintor y escultor que goza de gran reconocimiento internacional. La que fue su casa a partir de 1910 ha sido convertida en un **museo** y algunas de sus obras están expuestas en distintos puntos de Banyuls, como el monumento dedicado a los pacifistas caídos.

Cualquier visita a Banyuls debe incluir su agradable **paseo marítimo,** que llega hasta las antiguas île Grosse e île Petite, actualmente conectadas de manera artificial por un dique. Igualmente placentero es probar su delicioso vino dulce en alguna de las bodegas locales, como la **Grande Cave** o el **cellier des Templiers-Cave du Mas Reig.**

Entre Banyuls y Collioure se halla el pintoresco puerto de **Port-Vendres** y el faro de **Cap Bèar,** excepcional lugar para los que quieran contemplar el Mediterráneo en toda su plenitud. Igualmente recomendable es el **Site de Paulilles,** excepcional espacio natural del litoral salvado "in extremis" de la especulación inmobiliaria, donde curiosamente en 1875 existió una fábrica de dinamita y ahora hay un taller de barcas tradicionales, visitable.

Biodiversarium, L´Aquarium
- Av. Pierre Fabre, junto al puerto
- 04 68 88 73 39
- www.biodiversarium.fr
- Abierto de martes a domingos de 10-12.30 h y de 14 a 18.30 h
- 7 €

Cavas Terres des Templiers
- 8, route du Mas Reig
- 04 68 98 36 92
- www.terresdestempliers.com
- 5€

Site Classé de l Anse de Paulilles
- 04 68 95 23 40

¿Sabías que...?

Maillol es uno de los escultores europeos más valorados, junto con Rodin. Nacido en Banyuls-sur-Mer, hizo su carrera en París y mantuvo con Barcelona frecuentes contactos tanto artísticos como afectivos. Su lengua materna era el catalán. La ciudad de Barcelona le tiene dedicada una calle.

El otro Rosellón:
Vallespir
y **Conflent**

Se trata de dos comarcas históricas (antiguos condados) y geográficas enclavadas al oeste del Rosellón histórico. El Vallespir es una comarca muy accidentada con intrincados valles laterales al norte del Pirineo y al sur del Macizo de Canigó regados por el caudaloso Tec o Tech y sus aguas balnearias. El Conflent ocupa un valle más amplio que coincide con lo que se conoce como el Riberal y se va estrechando conforme el río la Tet llega a los contrafuertes montañosos del Pirineo y el mítico Canigó. El Tet y sus afluentes también tienen aguas calientes medicinales que ya se utilizaban desde tiempos de los romanos.

▌Vallespir y Conflent

El espacio natural del Canigó (2.785 m, techo de la Cataluña Norte), catalogado como Grand Site, es un lugar ideal para excursiones y disfrutar de la naturaleza a parte de ser una montaña sagrada de la cultura catalana. Y en estos espacios bajo los contrafuertes del Pirineo y el Canigó se despliegan una serie de pueblos con una magnífica factura en cuanto a arquitectura popular de montaña. Citar Eus, Vernet, Mantet, Pi, Èvol en el Conflent o Corsaví y Sant Llorenç de Cerdans en el Vallespir. Sin olvidar la romántica y artística localidad de Ceret también ligada con las tradiciones catalanas. No en balde en estas comarcas ha pervivido la cultura catalana frente al francés gracias por ejemplo a la Universitat Catalana d'Estiu en Prada o Prades.

▲ Font dels Nous Raigs en Ceret.

LO QUE HAY QUE VER

▌CERET   ★★

Se trata de una pequeña villa o vila al pie de los Pirineos concretamente del pico Fontfreda y atravesada por su famoso **puente del Demonio** por el Tech, rodeado de campos de frutales y viñedos. La vida aquí es sosegada y apacible como se puede comprobar en sus plazoletas, como la evocadora plaza de la **Font dels Nous Raigs** (Nueve Chorros), y en sus calles empedradas; es por eso que también fue lugar de inspiración de artistas y cuenta con un **Museo de Arte Moderno** donde destacan las obras pictóricas cubistas. A la localidad llegaron compositores, escultores y pintores que desarrollaron durante el siglo XX la corriente cubista. A los iniciales residentes como el compositor Deodat de Séverat, el escultor Manolo con su estatua de "la catalana" (junto a la oficina de turismo) y el pintor Franc Burty, se añadieron ilustres visitantes más conocidos como Picasso, Braque, Kisling o Juan Gris. A ellos se sumaron ya en 1916 otra nueva generación sobre todo de pintores. Es por ello que en 1950 se inaugura este museo de arte moderno con obras de reconocidos artistas como Picasso y Matisse.

El pequeño núcleo antiguo presenta restos de fortificaciones como las ruinas del **Castellas** (antiguo castillo de los señores locales), así como restos de murallas y puertas como la de Francia y la de España, reconstruidas, que datan del siglo XI.

Oficina de Turismo
- ✉ 1, avenue Georges-Clemenceau
- ☎ 04 68 87 00 53
- 🖥 www.ot-ceret.fr
- 🕐 Lunes-sábado y domingo por la mañana. Ofrece interesantes visitas guiadas.

MAM
- ✉ 8, boulevard du Maréchal Jofre
- ☎ 04 68 87 27 76
- 🖥 www.musec-ceret.com
- 🕐 Abierto todos los días entre el 1 de julio y el 15 de septiembre de 10-19 h. Resto del año, de 10-18 h, excepto martes. Visitas guiadas
- 💶 5 €, gratuito para menores de 12 años.
- 🛈 Exposiciones temporales

¿Sabías que...?

El enorme arco del legendario puente medieval del Diablo fue construido con la ayuda del mismo Lucifer. Este puente se hundió dos veces en poco tiempo y el diablo ofreció ayuda al ingeniero en la tercera reconstrucción a cambio de la primera alma que atravesase el puente antes del canto del gallo. El diablo lo construyó con grandes piedras, pero olvidó la última que jamás añadió pues el ingeniero le engañó haciendo pasar a un gato en lugar de una persona. Es por eso que los ceretanos a la espera que se pueda hundir el puente han construido otros dos cercanos.

▶ Vista general de Ceret a orillas del río Tech en las estribaciones de los Pirineos.

• • • • • • • • • •

CIMP, Museo de la Música
✉ 14, rue Pierre-Rameil
☎ 04 68 87 40 40
🖰 www.music-ceret.com
💶 5 €

Fort Bellegarde
☎ 04 68 54 27 53
🖰 www.mairie-le-perthus.com
🕑 10-18.30 h
💶 4 €

MEM, Maison de l'Eau et de la Méditerranée
✉ 4, rue Arago
☎ 04 68 87 50 10
🖰 www.mem-leboulou.fr
🕑 Abierto todo el año

Sant Martí de Fenollar
✉ Route de Mas Fourcade
🕑 Cierra dic-ene

Museo del Corcho
✉ 2, avenue Maréchal Jofre
🕑 Cierra dic-ene

Mas Cabanids
✉ Le Cortal d'en Baptiste
☎ 06 84 72 06 66

Cerca del Castellas se halla el convento de Capuchinos donde en 1660 se formalizarían los pactos que darían origen al Tratado de la Paz de los Pirineos. Aparte de la anterior plaza existen otras muy agradables sombreadas por grandes árboles y siempre con algún grupo escultórico como es el caso de la **plaza de la Libertad** con el monumento de Aristide Maillol a los caídos en la Primera Guerra Mundial, la **plaza de la República** donde se celebraban ya en el siglo XIII corridas de toros o la plazoleta de la iglesia donde se alza la **iglesia de Sant Pere**, sobria construcción de estilo barroco sobre trazas románicas y portada gótica. Ceret tiene agradables restaurantes y pequeños alojamientos con cierto encanto.

Antes de llegar a Ceret por la autopista y carretera que viene de España se hallan las ciudades fronterizas de **El Pertús** (Le Perthus) con su enorme fortaleza de frontera, el **Fort Bellegarde** y **El Voló** (Le Boulou) con el moderno **Centro de Interpretación del Agua**. Por contra la vecina localidad de **Las Illas** (Maureillas) tiene un curioso museo del corcho (cercanía de las Alberas y sus bosques de alcornoques), así como la interesante capilla románica de **Sant Martí del Fenollar** con pinturas románicas. En Las Illas se halla **Mas Cabanids** (*www.mascabanids.com*), uno de los alojamientos más curiosos de la región con surrealistas cabañas en medio de un bosque de encinas.

AMÉLIE-LES-BANYS / ELS BANYS D'ARLES ✱

El nombre francés viene de la reina Amalia que fue la esposa del primer rey de Francia que no tuvo poder absolutista. El apellido viene de los baños termales más meridionales de Francia que animan con sus hoteles, tiendas y restaurantes el núcleo principal que se desarrolla junto al río. Las aguas medicinales ya se explotaban desde tiempos de los romanos como lo atestiguan las termas romanas que se han hallado junto al río.

El núcleo viejo se halla en la parte alta y se conoce como **Palaldá** y es la zona más fotogénica y auténtica de la localidad. Aquí se halla un romántico museo dedicado al correo, pero entre sus rústicas calles y plazoletas no hay que olvidar la iglesia románica de Sant Martí con su bello retablo y la ermita que ofrece bonitas vistas y un sosegado paisaje. De su casco antiguo también destacan lo que queda del palacio castillo de Serrallonga con sus torres de defensa.

Desde Palaldá sale una carretera escénica y tortuosa que lleva a apartados y desconocidos pueblos de la comarca de les Aspres como **Montboló** y su iglesia románica fortificada o **Boula d´ Amunt** (Boule d´ Amont), de camino hacia el fabuloso priorato de Serrabona. Ajenos al turismo en un paisaje idílico viven pequeños burgos como Oms, Taillet o Calmeilles. Paisajísticamente, este accidentado territorio tiene diferentes gargantas como las de **Mondony** y su piscina natural o las más famosas y encajadas conocidas como las **Gorges de la Fou** que discurren por una pasarela que acaba en la Cueva de los Trabucares o Nido de las Águilas. En la actualidad su acceso, por seguridad, está desgraciadamente cerrado.

ARLES (ARLES-SUR-TECH) ✱✱

Arles es quizá una de las localidades que mejor conserva las tradiciones catalanas y eso se manifiesta sobre todo en el folclore (Semana Santa, San Juan o la curiosa fiesta de los osos) y la gastronomía (sus famosas rosquillas de azúcar y embutidos). Pero lo más destacable sin duda alguna es la abadía benedictina de **Santa María**, la más antigua de toda Cataluña fundada en el año 778. Destaca por su elegante claustro gótico donde despunta el macizo torreón. El interior, no menos espectacular, está inscrito en una planta de cruz latina y destaca el cristo majestad románico y los curiosos santos guerreros de Abdón y Senén protectores de las calamidades que asolaron al Rosellón.

Museo postal
✉ En el lateral de la iglesia de Sant Martí
☎ 04 68 39 34 90
🕐 Cerrado desde diciembre a principios de marzo; en estos meses cierran también lunes y martes

▲ Fiesta tradicional catalana en Amélie-les-Banys.

Oficina de Turismo
✉ Voie Communale Valls
☎ 04 68 39 11 99
🖥 www.tourisme-haut-vallespir.com

Abadía de Santa María
☎ 04 68 83 90 66
🖥 tourisme-haut-vallespir.com
🕐 Lun-dom; en invierno dom cerrado
ℹ Por la oficina de turismo se entra al claustro, la iglesia y la Santa Tumba
💶 4 €

• • • • • • • • • •

Moulin des Arts
- Rue du 14 Juillet
- 07 72 17 64 90
- Abierto todos los días de 10-18 h
- Entrada gratuita

Maison du Patrimoine et de la Mémoire André Abet
- Rue Joseph-Nivet, Saint-Laurent-De-Cerdans
- 04 68 39 55 75
- www.saintlaurentdecerdans.fr
- 2 €

▼ Vista de la abadía de Santa María en Arles-sur-Tech.

Junto a la iglesia está la milagrosa **Santa Tumba**, sarcófago visigótico. La localidad y sus medievales calles tienen casonas, alguna otra iglesia destacada destacada como la de San Salvador y viejos **molinos** como el rescatado para convertirlo en exposición de arte con presencia de artistas locales.

Las excursiones a los Pirineos y sus pueblos cargados de tradiciones pueden ser múltiples. Al norte hacia el Canigó está el bonito pueblo de **Corsaví** con su magnífica iglesia románica apartada del núcleo y algo más alejada la **torre de Batère** famosa por la mina abandonada de hierro y su derruida torre de vigilancia en medio de bosques de hayas. El pueblecito de **Montferrer** por su parte muestra los restos de la fortaleza feudal, así como una destacada iglesia románica. En sus restaurantes se ofrece la apreciada trufa.

Hacia el sur no hay que dejar de visitar **Serrallonga** (Serrallongue) y su misterioso conjurador o raro elemento arquitectónico desde donde el sacerdote ahuyentaba los males que afectaban a la sociedad medieval. Yendo a la frontera española y adentrándonos en el Pirineo: **Sant Llorenç de Cerdans** (St. Laurent-des-Cerdans) localidad famosa por su fiesta de los osos, pero también por la fabricación de tejidos y espardeñas o vigatanas. En esta zona y en sus familiares restaurantes es recomendable probar las truchas. Más adelante se halla **Costoja** (Coustuges) con su destacada iglesia fortificada, uno de los mejores ejemplos del Rosellón. Y la mejor excursión en esta zona pirenaica es ascender a las **Torres de Cabrens**, torres de frontera con unas memorables vistas.

PRATS DE MOLLO / PRATS-DE-MOLLO-LA PRESTE ★★

Ciudad medieval dominada por las estribaciones del Canigó y el macizo pirenaico de Costabona. Al otro lado de la montaña, por el Coll d´Ares, está la homóloga localidad de **Molló** ya en territorio español.

Sorprende el **conjunto amurallado** obra del ingeniero Vauban que construiría en el siglo XVIII obras defensivas de frontera en el Rosellón. En este caso circundó la ciudad vieja sobre el río Tech y la dotó de torres de señales, así como del **Fort Lagarde** o La Guardia que domina la ciudad. Merece la pena entrar por la Porte de France callejear por su Ville Haute, d´Amunt o Alta con sus puertas interiores y plazuelas como la del Rei, y llegar a su majestuosa iglesia de origen románico dedicada curiosamente a unas vírgenes de origen sevillano: Justa y Rufina. Es curioso el notable exvoto expuesto en la iglesia: una costilla de ballena de dos metros.

Llegando al fondo del valle, en una reserva natural, se llega a la estación balnearia de **La Presta** (La Preste) a 1.130 m. de altitud. Entre mediados de julio y agosto se realizan demostraciones ecuestres relacionadas con la vida militar en el siglo XVIII.

CASTELNOU/CASTELLNOU ★★

Acertadamente reconstruido y museificado este burgo es uno de los más encantadores y fotogénicos del sur de Francia, concretamente en la desconocida comarca de les Aspres, al oeste de Perpiñán. El pueblecito está parapetado tras una muralla y vigilado por ocho torres y cuatro puertas en los cuatro puntos cardinales. El **castillo** propiamente dicho domina la localidad, alienado con aspilleras, pero curiosamente desprotegido de torres de defensa o vigilancia tras la restauración realizada en 1876 por Ernest Setge (en la actualidad está sometido a una nueva restauración).

El rústico pueblo está atravesado por dos calles principales la del Mig (enmedio) y la d´Avall (abajo) y, entre ellas, callejones empinados con casas cubiertas con tejas romanas que según la tradición alejan la mala suerte. Se conservan algunos hornos tradicionales de pan y la localidad presenta destacados alojamientos y pequeños *bistrots* con encanto. Se sugiere subir a la **iglesia** románica desde donde se observa una parte del pueblo. La mejor vista del conjunto se tiene desde el mirador cercano a la carretera que va a Tuïr (Thuïr), sobre todo al atardecer o en las primeras horas del día, cuando la neblina traslada al visitante a un ambiente plenamente medieval.

Oficina de Turismo
✉ Place du Foiral
☎ 04 68 39 70 83
🌐 www.pratsdemollolapreste.com

Fort Lagarde
☎ 04 68 39 70 83
🕐 pratsdemollolapreste.com
🗓 Abierto de abril a octubre de 11-13 h y de 14-19 h
ℹ Diversas animaciones
💶 4 €

▲ Puerta de la ciudad de Prats-de-Mollo-la-Preste.

Castillo de Castelnou
☎ 04 68 53 22 91
🌐 www.aspres-thuir.com
🗓 Abierto del 6 abril al 30 de julio de 10-18 h, del 1 de julio al 31 de agosto de 10-19 h, y del 1 septiembre al 3 de noviembre de 10-18 h
💶 5 €

¿Sabías que...?

El Conflent tiene pueblos encantadores como **Eus,** que encaramado en un promontorio de granito parece un pueblo de cuento o de Belén navideño. La población parece escalar hacia la iglesia de Sant Vicent, construida sobre las ruinas del castillo medieval.

Oficina de Turismo
- Rosellón ConflentPlace Henry-Demay
- 04 68 57 99 00
- www.tourisme-roussillon-conflent.fr

Hospicio de Illa
- 10, rue de l'Hôpital
- 04 68 84 83 96
- www.ille-sur-tet.com
- Comprobad en la web si está abierto

Site des Orgues d'Illa
- Chemin de Régleilles
- 04 68 84 13 13
- lesorgues.ille-sur-tet.com
- En verano de 9-20 h; en invierno varia
- 5€

Castillo-Museo de la Prehistoria
- 5, rue du Château
- 04 68 84 55 55
- www.belesta.fr
- Verano, de 14-19 h
- 4,5 €

Priorato de Marcèvol
- Diseminado de Arboussols
- 04 68 05 24 25
- www.prieure-de-marcevol.fr
- Abierto de mayo a octubre todos los días y de noviembre a abril bajo demanda.
- 3,5 €. Se pueden visitar sus campos de plantas aromáticas y almendros de agricultura biológica

Moulin Sant Pierre
- Route de Thuir, Millas
- 04 68 57 19 44
- moulin-sant-pierre.com
- Gratuito con degustación y venta de aceite

Priorato de Serrrabona
- Carretera de Bulaternera (Bouleternère) a Boula d'Amunt (Boule d'Amont)
- 04 68 84 09 30
- 10-18 h, excepto festivos
- 5€

TUÏR / THUIR (▶26) ★★★

ILLA / ILLE-SUR-TET ★★

Al norte de la subcomarca rosellonesa de les Aspres y al oeste de Perpiñán se halla lo que se conoce como la comarca natural del Riberal, puerta de entrada al histórico Conflent que une el Rosellón con la Cerdaña. Aquí se alza altiva la localidad de Illa (Ille-sur-Tet) que, aletargada, conserva un interesante legado histórico artístico destacando entre los restos de las murallas del siglo XIV el importante **hospicio de Santiago** (Saint-Jacques). Verdadera joya artística del siglo XVII es un centro de interpretación del patrimonio catalán. Actualmente se están haciendo trabajos de restauración. Su nombre se debe a que acogía a viajeros y peregrinos que se dirigían a Santiago, también a pobres y desamparados que aquí podían pasar la noche. Tiene dos niveles de habitaciones y una capilla. En estas plantas hay un notable retablo, una exposición permanente de pinturas murales del siglo XII así como un altar románico y pinturas y esculturas posteriores. También acoge exposiciones temáticas. De los siglos XV-XVI, época de mayor esplendor de la villa, son edificios como la iglesia de la Rodona (de origen románico), la cruz de término gótica de la coqueta plaza del Ram, la iglesia de Saint-Etienne-del-Pedraguet o la Casa de los condes Darius Darnea.

A la salida de la localidad cruzando el río la Tet en dirección al norte y Bélesta se halla el monumento natural de **Site de les Orgues** o Órganos, un impresionante paisaje de caprichosas formaciones rocosas cársticas modeladas por la erosión a lo largo de millones de años. Estas chimeneas rocosas y su paisaje subdesértico contrastan con un paisaje de frutales (melocotoneros, albaricoques…) y la majestuosa silueta del Canigó, muchas veces con sus cumbres nevadas. Su milenario paisaje de hadas es ideal para un momento de yoga y meditación.

Si se sigue la carretera se accede al pueblo de **Bélesta** con los restos de su castillo sobre un asperón rocoso que acoge un curioso museo de la Prehistoria. Bajo el castillo uno de los establecimientos hoteleros más encantadores del Rosellón, el hotel Domaine Riberach en parte de lo que fue y es una bodega.

Hacia Prada en una carretera lateral se accede al **priorato de Marcèvol**, una destacada obra del románico con su portada de mármol rosa y restos de frescos románicos, que tiene además una sencilla hospedería. Las vecinas localidades de **Vinçà** donde

▲ Carretera
al Site des Orgues.

comer *cargolades* (caracoles) y buena carne de cordero al igual que en **Millars** (Millas), con sus molinos de aceite, que tiene dos buenas muestras de iglesias románicas con notables retablos barrocos.

I PRADA / PRADES ★★★

Esa localidad es cuna o *bressol* de la cultura catalana, no en balde en su dinámico núcleo urbano se celebra la Universitat Catalana d'Estiu y en ella estuvo exiliado Pau Casals, un catalán universal compositor del himno de la Paz. La urbe se desarrolla a un lado del río Têt, flanqueado por fértiles campos de frutales y huertas que dan productos frescos a los restaurantes de la zona. Destacado monumento es la **iglesia de Saint Pierre** que combina su campanario lombardo con su fábrica del siglo XVIII donde luce su fabuloso retablo de madera policromada del altar mayor, obra del escultor catalán Josep Sunyer.

De Prades es la famosa artesanía del granate, joyas elaboradas en esta bella piedra.

Desde Prades se pueden hacer infinidad de excursiones a la montaña del Canigó y sierras cercanas como las Montañas de Madres y el pueblecito balneario de **Molig** (Molitg-les-Banys), así como **Mosset** y su curiosa torre del perfume (*www.latourdesparfums.fr*). Más al oeste las **Reservas Naturales de Nohèdes y Conat** con sus frondosos bosques y estanques naturales. Sin olvidar la ascensión al mítico Canigó, pico y techo de la Cataluña Norte, con pueblos de bella factura como Corneilla-de-Conflent o Cornellà de Conflent o Vernet-les-Banys.

I SANT MIQUEL DE CUIXÀ
Y SANT MARTÍ DEL CANIGÓ (▶28) ★★★

I VILAFRANCA DE CONFLENT (▶29) ★★★

• • • • • • • • •

Manufactura del Granate, joyas catalanas
✉ 62, avenue Guy-Malé
☎ 4 68 96 21 03
🖥 www.joyaux-catalans.fr

¿Sabías que...?

El **Priorato de Serrabona** es una de las joyas del románico más destacadas del Rosellón. Destaca el claustro que da al abismo de las montañas, parece que al mismo infierno con sus bellos capiteles. Pero el interior también es una sorpresa con su famosa tribuna y bellas esculturas de sus capiteles en el característico mármol rosa del Conflent. Su jardín botánico agrupa una gran riqueza de especies.

La Cerdaña Norte

Ocupa un altiplano situado entre 1.200 y 1.500 m rodeado por los macizos pirenaicos del Carlit (2.921 m), el Puig Pedrós (2.905 m) y el macizo del Puigmal (2.909 m). Más fácil de acceder que otros valles pirenaicos, su orientación este-oeste permite influencias atlánticas en cuanto a precipitaciones más abundantes (nieve), pero sobre todo mediterráneas en cuanto a las horas de sol, de aquí la existencia del famoso horno o Grand Four Solaire d'Odeillo (en la actualidad cerrado a las visitas), un emblema de la comarca. Aquí se encuentran bellos espacios naturales como el Valle de Eina o los lagos de Camporells, Lanós y de las Bullosas. Las pistas de esquí son el principal atractivo invernal destacando Font Romeu, Bolquera, Sant Pere dels Forcats/Cambre d Aze y en el cercano altiplano y subcomarca del Capcir, Els Angles, Formiguera, La Quillane y Puivalador-Riutort.

▲ La exuberante vegetación rodea al viaducto por el que pasa el Tren Amarillo.

La Cerdaña Norte y la subcomarca del Capcir son lugares con pequeños pueblos con sus sencillas iglesias románicas como Llo, Ur, Hix, Planés, Santa Llocaia (Ste-Léocadie) o Targasona (Targasonne). Es también lugar termal como indican los baños de Dorres, Llo o Sant Tomàs (ya en el Alto Conflent). Un lugar ideal para el deporte y disfrutar de la recia gastronomía de montaña o pasear en el famoso tren amarillo.

▼ Restos de una iglesia románica en la localidad de Angostrina.

LO QUE HAY QUE VER

I MONTLLUÍS / MONT-LOUIS ★★

Antiguamente conocido como el Vilar de Ovança es el paso natural entre el Conflent, la Alta Cerdanya y el Capcir. El nombre actual es en honor al monarca francés Luis XIV (Rey Sol) quien encargó la fortaleza a Vauban. Fortalezas que se construyeron después del Tratado de los Pirineos por el cual España cedió el Rosellón, Conflent y Alta Cerdaña a Francia. La **ciudadela**, en parte todavía utilizada por el ejército, es de planta cuadrada flan-queada por bastiones triangulares que engloba una ciudad perfectamente trazada con ocho calles y plaza de armas con sus casernas. En un planteamiento inicial se pensaba hacer dos vilas en su interior pero la de la parte baja nunca se llegó a realizar.

Una de las visitas junto a la ciudad amurallada es el horno solar de Mont-Louis, construido por el ejército en 1953. Estas tierras son conocidas por la producción de quesos con numerosas queserías. Al sur hacia el Conflent se halla la localidad de **Fontpedrosa** (Fontpédrouse) conocida por los antiguos baños termales de Sant Tomàs. Se trata de aguas sulfuradas que surgen de la tierra a 58 grados, aguas con temperatura ambiente de 35 grados que van bien para reumatismo, artrosis y enfermedades de la piel.

I BOLQUERA / BOLQUÈRE ★

El tranquilo pueblo está rodeado de urbanizaciones entre las cuales se halla uno de los alojamientos con mayor *glamour* de la zona, Les Chalets Secrets. Es conocido por las pistas de esquí de Pyrénées 2000 y la vecina de Font Romeu. El núcleo, con un recomendable restaurante para degustar la cocina de montaña, tiene una notable iglesia que mira al valle y al trazado del tren amarillo o *tren groc*.

I FONT-ROMEU ★

Se trata de dos núcleos prácticamente conurbados por urbanizaciones y servicios de diverso índole: tiendas de deporte, restaurantes, hoteles… **Odelló** (Odeillo) es conocido por el famoso horno solar que en la actualidad solo se puede observar por fuera, pues sus salas por ahora permanecen cerradas. Se trata de un gran espejo parabólico de 42x50 m formado por 7.000 pequeños cristales y 62 espejos de 4 m colocados de forma escalonada y que giran automáticamente según la dirección del sol para reflejar los rayos de este sobre el gran espejo. Gra-

• • • • • • • •

Oficina de Turismo
- 6, boulevard Vauban
- 04 68 04 21 97
- www.mont-louis.net

Plaza Fuerte de Mont-Louis
- 1, Ter rue Émile Zola
- 04 68 04 21 97
- www.mont-louis.net
- Jul-ago, 9-12 h y 13.30-17.30 h
- 7,50 €

Four Solaire de Mont-Louis
- Résidence Vauban
- 04 68 04 14 89
- www.four-solaire.fr
- 15 jun-15 sep, visitas guiadas a las 10,30 h, 11,30 h, 14 h, 15 h, 16 h y 17 h
- 8,90 €

Baños de Santo Tomàs
- Village Saint-Thomas
- 04 68 97 03 13
- www.bains-saint-thomas.fr
- De 10-19.40 h. Cierran 15 días en junio y 15 días en noviembre.
- 9 €; 7,50 € niños 4-12 años

Centro de Ocio Bolquera
- Avenue du Grand-Termanal
- 04 68 30 39 70
- www.pyrenees2000.com
- Abierto todo el año de 9 h a 20 h

• • • • • • • •

Oficina de Turismo
- 43, avenue Emmanuel-Brousse
- 4 68 30 68 30
- www.font-romeu.fr

Ruta por el Capcir

Para esta visita se recomienda llevar calzado adecuado para caminar por la montaña

Estación de esquí de la Quillane
✉ La Quillane, La Llagonne
🌐 www.laquillane.fr
☎ 04 68 30 41 52

Estación nórdica del Capcir
✉ Col de la Llose
🌐 www.capcir-nordique. com
☎ 04 68 04 84 79

El Capcir es un altiplano con altitud media de 1.600 m al norte de la Alta Cerdaña y limítrofe con la comarca del Ariège. Su nombre viene de un viento del nordeste: *cap de cerç*. Si la Alta Cerdaña es más soleada y con abundancia de prados, el Capcir es más frío con bosques de coníferas y áreas que recuerdan a Siberia. Un lugar ideal para la práctica del esquí y el senderismo por sus áreas lacustres como el lago de Puivalador y el de Matamala, sin olvidar el valle de Galbe y los lagos de Camporrels en los límites con la Cerdaña.

La Llacuna / La Llagonne. Desde Montlluís la carretera D-118 asciende hasta el Coll de la Quillane (1.714 m) donde existen unas modernas instalaciones para hacer principalmente esquí nórdico, la Maison du Capcir - Espace Nordique (*telf. 04 68 04 49 86 www.capcir-pyrenees.com*). Antes se pasa por el pueblecito de La Llacuna (La Llagonne), que al ser lugar de paso tiene una iglesia fortificada y una torre de vigilancia. Actualmente es cuna de deportistas como Simon y Martin Fourcade.

Pasado el aeródromo se puede tomar la desviación por la D-32 que lleva a Les Angles (Els Angles).

La población de **Els Angles** (Les Angles) ha crecido a un lado del lago Matamala y su pueblo antiguo se ha rodeado de modernas urbanizaciones y hoteles así como de la conocida estación de esquí abierta en 1965. Su pequeño burgo conserva restos de la muralla así como una notable iglesia románica muy modificada; aquí existen coquetos restaurantes como la Ramballade. Las pistas de esquí suponen 55 km de 45 pistas situadas entre 1.600 y 2.400 m. En la parte alta existe un albergue con restaurante al que se puede subir por la noche en remontadores y disfrutar de una agradable velada y un cielo cargado de estrellas. Conocido también es su parque faunístico o **Parc Animalier** (*telf. 04 68 04 17 20; www.faune-pyreneenne. fr*) donde en un circuito de 3.500 m se pueden observar osos pardos, lobos e incluso bisontes. Tres recorridos posibles: prehistórico, botánico y de huellas de animales.

▲ En la región del Capcir se puede disfrutar de una excursión en trineos tirados por perros de montaña.

| La carretera D-32 rodea el lago o pantano de Matamala y sus bosques que se pueden atravesar en trineos tirados por perros de montaña. Esta enlaza con la D-52 que lleva al núcleo de **Matamala** (Matamale) de escaso interés pero buenos restaurantes. La D-118 lleva a **Formiguera** (Formigueres) que en sí ejerce como centro administrativo y de servicios de esta pequeña comarca. Su actividad también gira en torno a su cercana estación de esquí. Destaca en su plaza con cafés y tiendas la iglesia de Santa María románica que data del año 873, siendo el lugar eclesiástico más antiguo del Capcir. Conserva en su austero interior una interesante talla románica del siglo XII.

Desde esta localidad se puede seguir por la D-118 hasta dos encantadores y diminutos pueblos.

▲ La localidad de montaña de Els Angles.

| **Esposolla** (Espousouille) y **Font-rabiosa** (Fontrabiouse) son pueblos donde se puede experimentar todavía la vida rural y donde no han llegado prácticamente los chalets turísticos; además cuentan con iglesias románicas. Ambas localidades están construidas sobre un antiquísimo macizo calcáreo donde un río subterráneo ha ido creando una de las maravillas más interesantes del sur de Francia, unas cuevas que se pueden visitar durante todo el año. A la **Grotte de Fontrabiouse** (*telf. 04 68 30 95 55; www.fontrabiouse.com*) se accede por la rue des Soulanets. Esposolla es punto de inicio para explorar el bonito **valle de Galbe** y hacer excursión a los lagos de Camporrels.

Más al norte, en un desvío de la carretera principal que va a la región cátara del Aude, se halla **Riutort** (Rieutort) coqueto y fotogénico caserío alrededor de la iglesia románica de Sant Martí, muy transformada pero ya consagrada en el año 1019.

| Volviendo a la D-118 se llega a **Puigbalador** (Puyvalador) donde hay una estación de esquí junto al pantano del mismo nombre, que con el cambio climático muchas veces está casi sin agua. Tiene vestigios de pequeño castillo medieval y puentes románicos que salvan el río del Galbe.

▼ Caballo pirenaico catalán autóctono, junto al estanque Bullossa en la región del Capcir.

Finalmente, volviendo a Formiguera/Formiguères nos detendremos en **Ral** (Réal). El pueblo se asienta entre los prados donde pastan caballos y el lago. Se ha desarrollado gracias al turismo y en un lado se levanta la iglesia románica de Sant Romà que conserva un ábside lombardo y las fachadas oeste y sur, pues el resto son modificaciones realizadas en el siglo XVIII.

**Estación de esquí de
Bolquère Pyrénées 2000**
✉ Avenue Serrat-de-l'Ours,
  Bolquère
☎ 04 68 30 12 42
🖥 www.pyrenees2000.com
🕐 Abiertas desde noviembre a
  finales de marzo

Le Grand Tetras
✉ 14, avenue Emmanuel-
  Brousse
☎ 04 68 30 01 20
🖥 www.hotelgrandtetras.fr

TIS
✉ Route de Thémis,
  Targasonne
☎ 04 68 30 46 00

Baños de Dorres
✉ Carrer dels Banys
☎ 04 68 04 66 87
🖥 www.dorres66.com

▼ Baños romanos de Dorres
con los Pirineos al fondo.

cias a ello se consigue concentrar energía calorífica capaz de generar una enorme cantidad de energía eléctrica. Su gran placa solar contrasta con el pequeño núcleo con su iglesia románica y algunas casas antiguas. De la iglesia que tiene factura del siglo XVII conserva un bello pórtico románico con dos columnas y capiteles esculpidos. Este núcleo antiguo será el origen de **Font-Romeu** que toma el nombre de una gran ermita de Nôtre Dame o del Peregrino, célebre justamente por sus peregrinaciones y que se encuentra montaña arriba hacia las pistas de esquí. En el interior se puede observar un magnífico retablo gótico de 1707 esculpido por Josep Sunyer. Entre esta y el casco antiguo se ha desarrollado el dinámico núcleo de servicios de Font Romeu a la sombra de las las pistas de esquí, con 112 km de pistas ideales para esquí nórdico. Sobre el núcleo resalta un gran edificio; se trata del Grand Hôtel, que tuvo su esplendor entre 1920 y 1930 cuando se daban cita celebridades del mundo del espectáculo, políticos e incluso la realeza que aquí practicaba deportes de invierno. Esta gran mole de granito fantasmagórica, que hoy es monumento histórico, se puede visitar todos los miércoles, jueves y viernes a las 15 h inscribiéndose de forma gratuita en la oficina de turismo de Font-Romeu.

Ahora el hotel de referencia es por ejemplo el hotel Le Grand Tetras ubicado en otro emplazamiento. Entre los numerosos establecimientos de restauración no se ha de dejar de visitar *La table des saveurs*, lugar panorámico con renombre en la comarca por la calidad de sus productos de mercado. Cercana está la población de **Targasona** (Targasonne) conocida por el espacio natural del **Chaos de Targasonne** con sus extrañas formas pétreas graníticas transportadas allá por glaciares cuaternarios. Cercano está instalado el **Themis Solaire Innovation (TIS)** que se centra en el desarrolloo de nuevas tecnologías para la producción de energía solar. El edificio y su entorno a 1.600 m bien merecen una visita.

A pocos kilómetros se halla el pueblo de **Dorres** con su ermita románica panorámica de **Santa María de Bell-lloc** y sus baños termales que ya se explotaban desde tiempos prehistóricos y por supuesto por los romanos que crearon sus cuencos naturales para el baño. Sus aguas sulfurosas a 38-40 grados son excelentes para enfermedades de reuma y la piel. Cercana también **Angostrina** (Angoustrine), con el notable templo románico de **San Andreu** dominando la población, que guarda frescos románicos y su exterior tiene un destacado ábside y campanario.

SALLAGOSA / SAILLAGOUSE ✳

Es una discreta pero dinámica localidad capital de la Alta Cerdaña que por su posición centralizada es un lugar adecuado para alojarse por ejemplo en el tradicional hotel restaurante Planes con más de 120 años de historia o comprar excelente charcutería en Bonzom, instalada en una granja renovada de 1808, la mejor tienda especializada en productos de la Cerdaña. Es en definitiva un centro ideal para poder hacer excursiones o visitas por la comarca.

Cercano a Sallagosa se encuentra coronado por montañas nevadas **Llo**, el pueblo más pintoresco de la Alta Cerdaña, con sus baños termales situados en la cabecera y gargantas del río Segre, los restos de su castillo que domina la localidad y su interesante iglesia románica a los pies del pueblo. La **iglesia de Sant Fructuós** presenta una interesante portada con columnas y capiteles de mármol con motivos vegetales.

Hacia el enclave de Llívia se halla el pequeño núcleo de **Santa Llocaia** (Ste-Léocadie) con la homónima iglesia románica de impresionante campanario y ábside, y el Museo de la Cerdaña o **Granja de Cal Mateu**, un interesante museo etnológico sito en esta casona del siglo XVIII. Es en los campos de Cal Mateu donde se hallan las viñas más elevadas de Europa que sobreviven a la nieve. Son viñas que elaboran vinos chardonnay, riesling y muscat.

Oficina de Turismo Comunitaria de Pirineos Cerdaña
- ✉ 1, place del Roser
- ☎ 04 68 04 15 47
- 🖳 www.pyrenees-cerdagne.com

Museo de la Cerdaña
- ✉ Ferme Cal Mateu, Ste-Léocadie
- ☎ 04 68 04 08 05
- 🖳 www.pyrenees-cerdagne.com
- 💳 6 €

▼ Centro de la localidad de Sallagosa.

Maison de la Vallée d´Eyne
✉ Avinguda de Cerdanya, granja de Cal Martinet
☎ 04 68 04 97 05
🖥 valledeyne.wordpress.com

Estación de Esquí Cambre d'Aze
✉ 21, Grand Rue
☎ 04 68 04 25 25
🖥 www.cambre-d-aze.com

¿Sabías que...?

Las Garrochas (Les Garrotxes) es una bella y apartada comarca de alta montaña en el Alto Conflent a las puertas del Capcir y la Alta Cerdaña, muy desconocida por el turismo e ideal para una excursión rural. Sus bosques son de los más bellos del Pirineo y en ellos se esconden pueblos como Sautó, Aiguatèbia o Censà (Sansa) y apartadas ermitas románicas. Muy próximo encontramos el pueblo de **Èvol** poco conocido pero con un magnífica iglesia románica de Sant Andreu y los restos de un castillo, o **Jújols**, con la bonita iglesia románica de Sant Julià y Santa Basilisa.

▼ Las calles del casco antiguo de Llívia conservan su aspecto medieval.

┃ VALLE DE EINA (EYNE) ✱

El Valle de Eina y su reserva natural parte desde esta pequeña localidad rural famosa por sus quesos. Se trata de un valle que se va ensanchando por la presencia de altas montañas y que tiene una diversidad de fauna y sobre todo flora, única en el Pirineo, caracterizada por su excelente conservación. Es un lugar muy recomendado para hacer excursiones especialmente en primavera y verano, cuando su belleza es más esplendorosa. Cerca de Eina o Eyne se halla la estación de esquí de St-Pierre-dels-Forcats o **Cambre d'Aze** con 22 km de pistas ideales para realizar esquí nórdico, excursiones con raquetas, pero también esquí alpino (23 pistas) bajo un circo glaciar.

Cercano, el pueblecito de **Planès** con su curiosa iglesia románica que evoca un cuento de hadas. **Santa Maria de Planès** tiene una singular estructura que supone la existencia de la puerta principal algo no habitual. De su nave triangular destacan su cúpula ovoide sobre 3 ábsides y una coqueta torre campanario en forma de espadaña.

┃ LLÍVIA ✱

El enclave de Llívia es una curiosidad geopolítica y cuando no existía la UE solo una carretera enlazaba la localidad dentro de Francia (Alta Cerdaña) con Puigcerdà, España (Baja Cerdaña). Tras la partición de la Cerdaña en 1659 con la firma del Tratado de los Pirineos, se anexionaron a Francia 33 pueblos excepto la localidad de Llívia, que quedó al margen porque se consideraba villa, convirtiéndose así en un enclave dentro del estado francés que además posee en su territorio dos pequeñas pedanías: Gorguja y Cereja.

Llívia es conocida por tener la farmacia Esteve fundada en el siglo xv que es una de las más antiguas de Europa. El casco antiguo está declarado bien cultural de ínterés nacional y está compuesto por casonas con sus portales de granito y balcones. Además de la **Torre de Bernat de So,** donde se halla la farmacia, destaca la **iglesia dels Àngels** y el **Museo de la Pagesia**. En el Puig del Castell se hallan los restos del castillo medieval desde donde se obtienen buenas vistas de la ciudad y de la Baja Cerdaña.

Al sur de Llívia se halla **Bourg Madame** –La Guingueta d´Hix–, localidad fronteriza con Puigcerdà, Cataluña o España. Cerca de esta dinámica localidad comercial con excelentes pastelerías se halla la aldea de **Hix** que, aunque hoy sea solo una aldea,

◄ En la torre Bernat de So de Llívia se encuentra una de las farmacias más antiguas de Europa.

en el siglo XII fue el centro político y comercial de toda la Cerdaña hasta que Alfonso de Aragón trasladó la villa a un lugar mejor protegido bajo el Mont Cerdan o Puigcerdà en el 1117. Destaca la bonita iglesia románica de **Sant Martí** con destacado retablo del santo.

▌LA TOR DE CAROL (LA TOUR DE CAROL) ✳

Se trata de un pequeño núcleo, desde donde parte o llega el Tren Amarillo, dominado por lo que resta de las torres del castillo de Querol que vigilaba el paso entre la Cerdaña y el condado de Foix, hoy Ariège. De planta cuadrada se fue derruyendo en el siglo XVIII y hoy se han recuperado parcialmente sus dos torres que se yerguen sobre un asperón rocoso. Tenía tres niveles que todavía se aprecian. A la Tour de Carol pertenece la iglesia de Sant Fruitós d´Iravals, románica de sencilla factura con su ábside y campanario de espadaña.

Cercana se halla **Ur** que como otras localidades de la zona adquiere un nombre vasco de las migraciones que afectaron a la zona. Destaca su gran iglesia románica de Sant Martí con su ábside y absidiolas de decoración lombarda y una aireada torre campanario. En su interior una curiosa pila bautismal con figuras que representan a Adán y Eva, con la serpiente junto a Adán y los cuernos del Demonio sobre Eva.

Cerca del Ariège y el Principado de Andorra en pleno Parque Natural Regional de los Pirineos Catalanes se halla el núcleo de Porta y las pistas de esquí de Porte-Puymorens.

• • • • • • • • •

**Estación de esquí
Porte-Puymorens**
✉ 1, route de la Vignole
☎ 04 68 04 82 41
🖥 www.trio-pyrenees.com

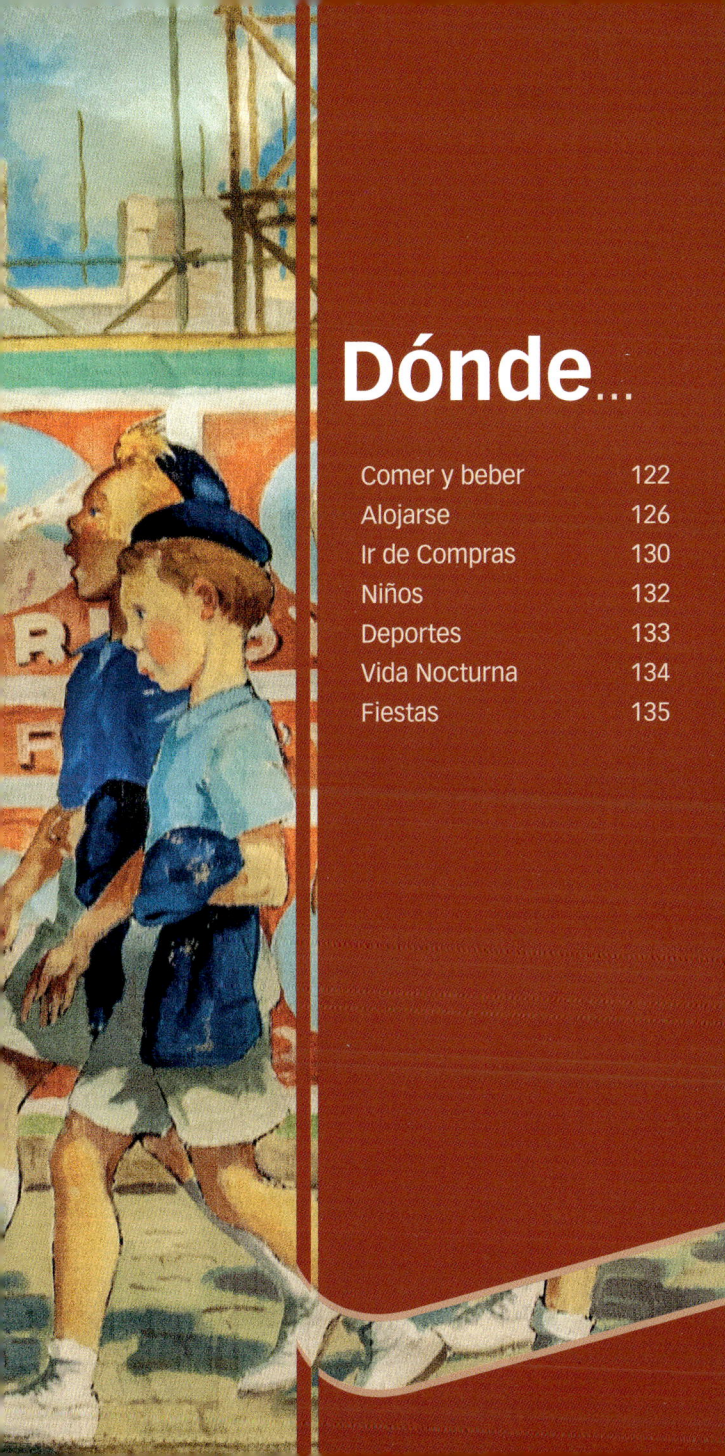

Dónde...

Restaurantes

Carcasona

Chez Fred by Pierre et Siham (M-C)
Situado en la Bastide cerca del Canal du Midi presenta una cocina refinada con productos agrarios de mercado y recetas surrealistas que harán la delicia del comensal. No perderse la *cassoulet* o el *foie gras*…
- ✉ 31, boulevard Omer Sarrault, 86
- ☎ 04 6872 0223
- 🖰 restaurant-chezfred.fr

Le Pas Sag (M)
Ofrece platos regionales y tapas españolas.
- ✉ 15, rue Trivalle
- ☎ 04 6810 6490
- 🖰 www.le-passage-carcassonne.com

Restaurant La Marquière (M)
Este local cercano a las murallas históricas y con coqueta terraza, ofrece una cocina sabrosa y sen-

cilla con precios a la altura de la calidad que brinda. El servicio es atento, esmerado y los vinos que ofrece son excelentes.
- ✉ 13, rue St. Jean
- ☎ 04 6871 5200
- 🖰 www.lamarquiere.com

Adelaide (M)
Ofrece dos menús de diferentes precios, con especialidad en platos de la cocina tradicional francesa.
- ✉ 5, rue Adelaide de Toulouse
- ☎ 04 6847 6661

Le Saint Jean (M)
Sirve platos de la cocina regional.
- ✉ Place Saint-Jean
- ☎ 04 6847 4243
- 🖰 www.le-saint.jean.eu

Auberge de Dame Carcas (M)
Local rústico y acogedor donde ofrecen tres menús en orden de precios. Se recomienda probar el cochinillo y el surtido de *crepês*.
- ✉ 3, place du Château
- ☎ 04 6871 2323
- 🖰 www.damecarcas.com

Bistro Fruit (E)
Es un buen local de cocina tradicional francesa. Agradable y económico.
- ✉ Place Marcou
- ☎ 04 6825 5233
- 🖰 www.bistro-fruit.com

Au Comte Roger (C)
Representa una opción recomendable dentro de la gran cantidad de restaurantes de La Cité enfocados al turismo. Las mesas están distribuidas en torno a un jardín y sirve platos de la cocina francesa y regional de mercado de alto nivel gastronómico. Excelente

foie gras y carta de vinos a la altura de su cocina.
- ✉ 14, rue Saint-Louis
- ☎ 04 6811 9340
- 🖰 wwwcomteroger.com

Restaurant Bernard Rigaudis (C)
Considerado entre los mejores del área, es el restaurante del sofisticado y elegante hotel Le Domaine d'Auriac. Galardonado con una estrella Michelin, sirve alta cocina de autor. Los precios a la altura: estratosféricos, pero no defrauda.
- ✉ Route de Saint Hilaire
- ☎ 04 6825 7222
- 🖰 www.domaine-d-auriac.fr

Auberge des Lices (M)
Cocina de mercado con buenos platos regionales.
- ✉ 3, rue Raymond Roger
- ☎ 04 6872 3407
- 🖰 www.aurbergedeslices.com

Les Terrasses de la Cité (M)
Sirve platos de la cocina internacional y regional, con especialidad en pizzas.
- ✉ 5, place Marcou
- ☎ 04 6872 0799
- 🖰 www.les-terrasses-de-la-cite-carcassonne.eatbu.com

La Barbacane (A)
Es el restaurante del Hôtel La Cité, con decoración de estilo neogótico. Galardonado con una estrella Michelin sirve platos de la alta cocina.
- ✉ Place Auguste Pierre Pont
- ☎ 04 6871 9871
- 🖰 www.restaurant-lebarbacane.com

Au Jardin de la Tour (M)
Élodie y el chef Bernard presentan los mejores platos mediterráneos. En un lugar ideal sobre todo

con el buen tiempo bajo las murallas. Excelentes mariscos y verduras.

✉ 11 rue porte d´Aude, la Cité
☎ 04 6825 7124

Le Bar à Vins (E)
Cercano a la catedral de St-Nazaire en La Cité ofrece una cocina sencilla pero correcta, tipo tapas para salir del paso y una buena selección de vinos.

✉ 6, rue du Plô
☎ 04 6847 3838
🖳 www.lebaravins.fr

Barriere Truffes L'Atelier (M)
Pequeño *atelier* gastronómico donde sirven platos a base de trufa.

✉ 51, rue Trivialle
☎ (0033) 63 035 22 71
🖳 www.barriere-truffes.com

Cucugnan

L'Auberge du Vigneron (M)
En los bajos del mismo establecimiento hotelero se encuentra este espacioso y agradable restaurante, donde se puede degustar una excelente cocina creativa y con buenos productos regionales que combinan perfectamente los sabores. Dispone de una agradable y discreta terraza con vistas a los campos cátaros de Queribus. Muy recomendable.

✉ 2, rue Achille Mir
☎ 04 6845 0300
🖳 www.auberge-vigneron.com

Duilhac-sous-Peyrepertuse

Auberge la Batteuse (M)
Ofrece especialidades de la cocina tradicional francesa. Cerrado desde finales de octubre a principios de abril.

✉ 2, chemin de la Batteuse
☎ 04 6845 0496
🖳 www.la-batteuse.com

Aubergue du Moulin (M)
Un buen establecimiento cuya especialidad son los platos de la cocina internacional con un toque de fusión: la imaginación al poder.

✉ 9, rue Fontaine
☎ 04 6848 9534

Prats de Molló

Bellevue, Logis Hôtel Restaurant (M)
Junto a las murallas de Vauban es una excelente opción para comer y dormir en el Vallespir. Sus especialidades la ternera, cordero y el foie gras sin olvidar el postre de delicia helada con corteza de tilo. Dirigido por el chef Denis Visellach.

✉ Place du Foiral
🖳 www.logishotels.com

Ceret

La Dulcine (M)
Entre sus deliciosos y originales platos los canelones de langostinos o el saltimbocca de ternera. Bello comedor y acogedora terraza primaveral.

✉ 1,route de Céret, Reynes
☎ 04 6887 0222
🖳 www.ladulcine.com

Saillagosa

Chez Planes (M-C)
Hotel restaurante cuyo acogedor comedor es el escenario de la gastronomía catalana, toda una institución.

✉ 6, place des Comtes-de-Cerdagne
☎ 04 6804 7208

Font-Romeu

La Chaumiere (M)
Un excelente combinado cocina franco-catalana ofrecido por Plácida y François. Recomendable el Menú Col de Finestrelles.

✉ 96 Av. Emmanuel Brousse
☎ 04 6830 0440
🖳 restaurantlachaumiere.fr

La Ferme des Lloses (M)
Lugar ideal para probar quesos y vinos. Es concepto de restaurante y tienda.

✉ 1-3 Av. M. Joffe
☎ 04 6804 7951

L´Escudella (M)
Cálido comedor en Mas Clara (casa rural) dónde disfrutar la cocina de la Cerdaña.

✉ 5, rue de la Maissonnette
☎ 0033 60 805 85 92

Les Angles

La Gallina
Curioso establecimiento a 2.127 m al que se llega en

telesilla, esquiando o en remontador nocturno. Un chalet donde probar exquisiteces como la panceta de cerdo confitada o sus raclettes.

☎ 04 672901277
🖥 www.restaurante-lagallina.fr

La Ramballade (M-C)
embutidos y especializades al fuego de leña.

✉ 1, Rue La Ramballade
☎ (0033) 46 804 46 32
🖥 laramballadelesangles.eatbu.com

Creperie La Grange (E)
Excelente creperia.

✉ 6, place du Coq d Or
☎ (0033) 46 830 90 98
🖥 www.lagrange-lesangles.com

Collioure

La Casa Leon (M)
Buena y sencilla cocina con productos frescos del mar como las gambas, atún y diferentes tipos de pescados. Muy concurrido no solo por visitantes sino también por locales. Se recomienda reservar y elegir alguno de sus menús cerrados.

✉ 2, rue Rière
☎ (0033) 0141 92 21
🖥 casa-leon-collioure.fr

Restaurant La Balette, Le Relais des Trois Mas (C)
Ofrece cocina francesa con un toque de fusión con especialidad en pescados y mariscos.

✉ Route de Port-Vendres
☎ 04 6882 0507
🖥 www.relaisdestroismas.com

Le Neptune (C)
Con buenas vistas desde su terraza ofertan estupendas especialidades locales donde destacan los pescados y mariscos. El restaurante tiene un acogedor interior marinero y una concurrida terraza con vistas al puerto viejo.

✉ Route de Port-Vendres
☎ 04 6882 0227
🖥 www.leneptune-collioure.com

Le 5eme peche (M)
Prepara una cocina de fusión francesa-japonesa y opciones vegetarianas.

✉ 16, rue de la Fraternite
☎ (0033) 46 898 09 76
🖥 le-cinquieme-peche.com

La Llonja (E-M)
Animado y concurrido bar-restaurante en el puerto de Argelès-sur-Mer. Sirven platos marineros a base de arroz o mariscos, entre otras especialidades.

✉ Résidence La Réal (lotn 4) Port Argelès
☎ 04 6887 2225

La Farigole (C)
Situado en el también recomendable hotel Arapede y decorado con viejas fotos de Collioure, su cocina es sencillamente exquisita y elaborada con frescos productos de la tierra.

✉ Route de Port-Vendres
☎ 04 6898 0959
🖥 www.arapede.com

Perpiñán

La Cuisine des sentiments (M)
Sin duda alguna uno de los restaurantes destacados de la ciudad. Especialidad en cocina creativa.

✉ 9, avenue Julien Panchot
☎ 04 6854 1686

Le Café Vienne (E)
Un clásico café-restaurante como los típicos bistrós parisinos con terraza. Bien llevado y donde se come muy bien sus *carpaccios*, carnes y los frescos pescados y mariscos.

✉ 3, place Arago
☎ 04 6834 8000

Les Epicuriens (E)
Excelentemente llevado por David y Sylvain muestran una atractiva *cuisine bistrot* casera. Helado artesanal muy rico. Agradable terraza.

✉ 14, rue du Théatre
☎ 04 6867 9154

Le Yucca (E)
Excelentes platos vegetarianos y buenos cócteles.

✉ Alles des Chènes, 25
☎ 04 6885 5654
🖥 www.le-yucca.com

Restaurant L'AbSix (M)

Ubicado en zona industrial, este restaurante esta considerado entre los mejores de Perpiñán. Sirve excelentes platos de la cocina francesa de manera creativa y bien presentada por no decir genial.

- ✉ 2 rue de Cerdagne
- ☎ (0033) 46 854 79 02
- 🌐 www.restaurant-labsix.fr

La Galinette (M)

Llevado por Christophe Comes, una estrella michelin, ofrece platos creativos a base de productos de la tierra, hierbas aromáticas que se presentan en un único menú conocido como "Saveurs de Saison".

- ✉ 23, rue Jean-Payra
- ☎ 04 6835 0090
- 🌐 www.restaurant-galinette.com

Le Catalogne Café (E-M)

Cocina elaborada con productos de mercado de temporada. Recomendable menú de mercado.

- ✉ 55, Bd Georges Clemenceau
- ☎ 04 6862 5445
- 🌐 restaurante-catalogne-cafe-perpignan.fr

Le Garrianc (M-C)

Situado cerca de la avenue du General de Gaulle o avenue de la Gare, su cocinero, de origen australiano, nos trae una mezcla de ricos sabores. Se recomienda reservar.

- ✉ 15, rue Valette
- ☎ 04 6867 0744
- 🌐 www.le-garriane-restaurant-eatbu.fr

La Passerelle (C)

La especialidad de este local son los mariscos, servidos de manera magistral y donde la mezcla de sabores son sorprendentes.

- ✉ 1 Cours Palmarole
- ☎ 04 6851 3065

- 🌐 www.restaurant-lapasserelle.com

Café de la Poste (E)

Bien ubicado junto al Chatelet y con una excelente terraza, sirve correctos platos tradicionales franceses.

- ✉ Place de Verdun
- ☎ 04 6880 4198
- 🌐 www.grand-cafe-de-la-poste.fr

Le Divil (M)

Restaurante cercano a la puerta del Castillet con una tranquila terraza e interior rústico bajo la atenta mirada de Dalí. Excelentes carnes a la brasa y exquisita atención de sus camareros.

- ✉ 9, rue des fabriques d'en Nabot
- ☎ 04 6834 5773/ 06 8460 5661
- 🌐 www.restaurant-le-divil-66.com

La Fabrik (M)

Agradable y novedoso espacio con cocina creativa especializada en ricas tapas como su tartar de salmón.

- ✉ 53, Av. Maréchal Leclerc
- ☎ 04 6864 2404

Le Vip (E-M)

Pequeño local con menús con buena relación calidad y precio con opciones para vegetarianos. Buen trato y comunicación.

- ✉ 4, rue Grande des Fabriques junto al Castillet
- ☎ 04 6851 0230

La 7ème Vague (C)

Moderno y concurrido, es un restaurante especializado en mariscos y pescados muy frescos. Excelente la langosta. Imprescindible probar las ostras.

- ✉ 327, rue Docteur Parcé
- ☎ 04 6881 8100
- 🌐 www.boniface-coquillages.com

Les Antiquaires (M)

Sirven una buena cocina de toda la vida y de mercado en un ambiente, como su nombre indica, lleno de objetos antiguos. Trato muy agradable.

- ✉ Michel-Torrent-pl. Desprès
- ☎ (0033) 6162 0105
- 🌐 www.lesantiquairesperpignan.fr

Thuir

Le Patio Catalan (M)

Llevado por el chef Vincent David apuesta por una buena cocina creativa y de mercado. Se ubica justo enfrente de las famosas cavas Byrrh.

- ✉ 4 pl. du Géneral de Gaulle 66300 Thuir
- ☎ 04 6853 7226
- 🌐 http://restaurant-lepatiocatalan-thuir.metro.rest

Alojamientos

Carcasona

Hôtel Des 3 Couronnes****

Al final del puente viejo, que une La Cité con la Bastida de Saint-Louis, se halla este agradable y familiar hotel con piscina y restaurante y con las mejores vistas a La Cité. El personal habitualmente habla o entiende el castellano.

✉ 2, rue des Trois Couronnes
☎ 04 6825 3610

Hôtel de la Cité Carcassone-MGallery*****

Goza de una excelente ubicación cerca de lugares de interés como la basílica, la ciudad medieval o la Puerta de Aude. Este hotel de lujo ofrece 60 habitaciones completamente equipadas y decoradas con buen gusto. Tiene una agradable te-rraza con magníficas vistas del entorno y dispone de un excelente restaurante, bar y piscina.

✉ Pl. Auguste Pierre Pont
☎ 04 8358 4534
🖥 www.cite-hotels.com

Le Domaine d'Auriac*****

Sofisticado y elegante hotel ubicado en una antigua mansión. Habitaciones amplias decoradas con gusto y perfectamente equipadas. Tiene un magnífico restaurante que ha sido galardonado con una estrella Michelin.

✉ Route de Saint Hilaire
☎ 04 6825 7222
🖥 www.domaine-d-auriac.com

Best Western Hôtel Le Donjon****

Ubicado en La Cité, ofrece habitaciones espaciosas decoradas con encanto.

✉ 2, rue du Comte Roger
☎ 04 6811 2300
🖥 www.hotel-ledonjon.com

Hôtel du Château****

Ofrece cómodas y elegantes habitaciones con televisión, internet y vistas panorámicas a la ciudadela.

✉ 2, rue Camille Saint Saens. Montée Gaston Combéléran
☎ 04 6811 3838
🖥 www.hotelduchateau.net

Pont Levis Hôtel****

Se ubica a 50 m de la porte Narbonnaise, uno de los principales puntos de acceso a La Cité. Es un agradable hotel de 12 habitaciones decoradas con lujo y diseño donde se combinan elementos tradicionales y vanguardistas.

✉ 40, Chemin des Anglais
☎ 04 6872 0808
🖥 www.pontlevishotel.com

Château de Palaja***

Hotel de 6 amplias habitaciones de ambiente familiar ubicado a 5 minutos de La Cité. De la cadena Logis Hotels.

✉ 7, rue Barri del Castel
☎ 06 6369 8832
🖥 www.chateau-palaja.fr

Hôtel La Bastide Saint Martin***

Hotel de 15 habitaciones completamente equipadas y con vistas al jardín. Cuenta con una agradable piscina y ofrece los servicios de alquiler de bicicletas.

✉ Avenue Saint Martin. Hameau de Montredon
☎ 04 6847 4441
🖥 www.hotelbastidesaint martin.com

Hôtel Montmorency***

Hotel de diseño ambientado en una atmósfera cui-

dada y elegante. La casa, caracterizada por sus vivos colores interiores, se halla junto a las murallas. Dispone de piscina, spa y, sobre todo, glamour y el "saber hacer" francés.

✉ 2, rue Camille Saint-Saëns
☎ 04 6811 9670
🖰 www.lemontmorency. com

Château de Cavanac***

En plena campiña francesa a 15 minutos de Carcasona. Es un antiguo caserón del siglo XVII, transformado en hotel. Ofrece habitaciones amplias con baño, cada una con el nombre de una flor, decoradas con muebles antiguos y buen gusto. El hotel tiene una agradable zona de piscina y cuenta con los servicios de restaurante bar donde sirven platos de la cocina tradicional francesa de esta área y vinos de elaboración propia.

✉ Desde Narbona tomar dirección Saint Hilaire (D104), hasta Cavanac. El hotel se ubica detrás de la iglesia
☎ 04 6879 6104
🖰 www.chateau-de-cavanac.fr

Bloc G***

Ubicado a pocos minutos de la ciudadela, ofrece habitaciones espaciosas, completamente equipadas y con decoración minimalista.

✉ 112, rue Barbacane
🖰 www.bloc-g.fr

Demeure Saint Louis***

Excelente ubicación muy cerca del puente viejo, entre La Cité y la Ciudad Nueva.

✉ 2, rue Michel Sabatier
☎ 04 6872 3904
🖰 www.demeure-Saint-louis.fr

Elegir alojamiento

Los precios de los hoteles son sensiblemente más elevados que en España y responden a la calidad de las infraestructuras. En muchos casos los establecimientos hoteleros del área requieren una modernización. Carcasona dispone de un abanico de posibilidades muy amplio a nivel de calidad, precio y tipos de alojamientos. Más limitado es el de Perpiñán con hoteles en general muy funcionales. Si se quiere disfrutar de un espacio de alojamiento se recomienda las *chambres d´hôtes* y algunas masías y establecimientos rurales habilitados para el turismo. La marca *Logis de France,* por su parte, es un buen indicativo a la hora de elegir alojamiento y restaurante.

Ceret

Hotel Vidal

Hotel con un decadente encanto intimista de 9 habitaciones sencillas y un buen restaurante (Del Bisbe) muy agradable con terraza ideal para el verano.

✉ 4, Pl Soutine
☎ 04 6887 0085
🖰 www.hotelvidal-ceret. com

Le Castel du Vila

Con solo 4 habitaciones espaciosas (una de ellas un estudio) la experiencia es como trasladarse a un viejo castillo y su mobiliario. Dispone de una acogedora terraza en el jardín.

✉ Le Vila, Reynès
☎ 04 68 85 01 81
🖰 www.lecastellduvila.com

Amélie-les-Banys

Hotel-Restaurant La Pinède***

Ubicado justamente en un tranquilo bosque de pinos este hotel con recomendable restaurante (comida saludable) dispone de 18 habitaciones (dos estudios). Dispone de transporte privado a las termas.

✉ 2, carrer Del-Pigot
☎ 04 68 87 95 00
🖰 www.chainethermale.fr

Castelnou

L´Hostal

Lugar emblemático y reputado de la localidad con más de 50 años en funcionamiento. Destaca su restaurante famoso por sus platos de caracoles.

✉ 13, Carrer-Na-Patore
☎ 04 68 53 45 42
🖰 www.lhostal.com

Moulin de Canterrane

Un alojamiento de ensueño caracterizado por su molino y puente de piedra. Comprende piscina y amplias terrazas bajo el bosque.

☎ 04 68 38 85 75
🖰 www. moulindecanterrane.com

Thuir

Mas du Domaine de Montcalm

Una bonita casa rural con piscina y área arbolada ideal para desconectar o tener unos días románticos y relajados.

✉ Route de Saint-Feliu
☎ 06 76 08 02 56
🖰 www.masdudomainede montcalm.com

Casa 9 Hôtel

Masía catalana del siglo XV perfectamente adaptada y acondicionada para

disfrutar en su 9 espaciosas habitaciones y áreas comunes de un espacio netamente mediterráneo.
- ✉ Route de Corbère
- ☎ 07 78 80 54 35
- 🌐 www.casa9hotel.fr

Bélesta

Riberach Hôtel - Restaurant et Cave
Preciosas instalaciones con vistas al castillo y también a los campos de viñedos. Producen vinos ecológicos que se pueden probar en su amplio restaurante.
- ✉ 2a, route de Caladroy
- ☎ 04 68 50 30 10
- 🌐 www.riberach.com

Vilefranche-du-Conflent

L´Ancienne poste
Preciosa casa de huéspedes instalada en lo que fue la oficina de correos de la localidad. Tiene cuatro amplias habitaciones y sauna. Los desayunos caseros se caracterizan por ser desmesurados.
- ✉ 31, rue Saint-Jacques (intra-muros)
- ☎ 04 68 05 76 78
- 🌐 anciennpostedelacite.com

Font-Romeu

Le Carlit Hôtel ***
Bien atendido esta importante y céntrica infraestructura es ideal tanto para verano (piscina climatizada) como para invierno. Habitaciones bien equipadas con posibilidad de dúplex. Restaurante con carta variada.
- ✉ Avenue d'Espagne, 8
- ☎ 04 68 30 80 30
- 🌐 www.carlit-hotel.com

Hôtel Le Grand Tetras***
Reconocido hotel con 36 habitaciones muy acogedoras y 2 apartamentos. Piscina y sauna. Nuevo restaurante.
- ✉ 14, avenue Emmanuel-Brousse
- ☎ 04 68 30 01 20
- 🌐 www.hotelgrandtetras.fr

Grand Hôtel L´Ermitage*****
44 habitaciones inspiradas en los más conocidos picos del mundo. Modernidad y lujo dispone de dos restaurantes para disfrutar de la gastronomía local y del Rosellón. Recomendable también es Résidence l'Insolite (www.residence-linsolite.fr).
- ✉ 7, Route de l Ermitage

- ☎ 04 6804 0408
- 🌐 www.grandhotelermitage.fr

Bolquère

Les Chalets Secrets
Idílicas cabañas de madera que componen un agradable complejo de 23 chalets y 23 apartamentos totalmente equipados. Un lugar muy romántico e íntimo con sauna finlandesa.
- ✉ Chemin de Font-Romeu - Bolquère
- ☎ 04 68 30 97 12
- 🌐 www.leschalets-secrets.com

Eyne

Cal Pai – Le Prebystère
Alojarse en este coqueto pueblo entrada al valle más bonito de la Cerdaña. Dispone de 9 habitaciones y posibilidad de cocina familiar con productos locales.
- ✉ 1, camí del ventador et Carrer Esglèsia
- ☎ 06 08 82 00 99
- 🌐 www.gite-calpai.com

Collioure

Grand Hôtel Du Golfe****
Hotel-spa que ofrece amplias habitaciones con vista al mar. Está situado en un enclave privilegiado muy próximo a las mejores calas de la zona. Tiene piscina y cuenta con un excelente restaurante que sirve cocina de autor.
- ✉ Route de Collioure, Argeles-sur-Mer
- ☎ 04 6881 1473
- 🌐 www.grandhoteldugolfe.com

Hotel & Spa Les Mouettes
Ideal para descansar y alejarse del bullicio, ya que el hotel se encuentra alejado del núcleo urbano,

pero ubicado en una zona privilegiada con vistas panorámicas de la costa.

- ✉ Argèles-sur-Mer y Collioure
- ☎ 04 6881 8283
- 🖰 www.hotel-lesmouettes.com

Hôtel Casa Païral***

Este agradable hotel boutique funciona en una antigua mansión. Dispone de cómodas habitaciones completamente equipadas.

- ✉ Impasse des Palmiers
- ☎ 04 6882 0581
- 🖰 www.hotel-casa-pairal.com

Hôtel Princes de Catalogne***

Agradable y coqueto hotel bien situado. Fue renovado hace pocos años y dispone de 30 habitaciones con gusto y diseño.

- ✉ Rue des Palmiers
- ☎ 04 6898 3000
- 🖰 www.hotel-princescatalogne.com

Castell de Bles***

- ✉ 66740 Saint Génis des Fontaines
- ☎ 95 333 3036
- 🖰 www.castelldebles.es

En el cercano pueblo de Saint Genis des Fontaines. Negocio muy bien regentado por Aurelie y Fred, una joven pareja que han transformado esta antigua casona en una acogedora casa rural. Habitaciones amplias y bien decoradas. Jardín con piscina.

Banyuls-sur-Mer

Côte Thalasso****

Bello espacio termal con bellas vistas al mar. El complejo de thalasoterapia consta de 82 habitaciones totalmente renovadas. Entre sus instalaciones restaurante, hammán, 2 piscinas con agua del mar,... Tratamientos a la carta ideales para stress,

dolores musculares, trastornos del sueño.

- ✉ Avenue de la Côte-Vermeille
- ☎ 0825 125 145
- 🖰 www.thalacap-catalogne.fr

Perpiñán

Kyriad Prestige Perpignan Centre del Mon

Funcional y agradable hotel situado en el moderno edificio de la estación. Ambiente joven y agradable recepción con bar.

- ✉ 35, boulevard Saint-Assiscle
- ☎ 04 1164 7100
- 🖰 https://www.kyriad.com

Hôtel de la Loge***

Con un reciente cambio de propietarios se trata de un Bed&Breakfast con encanto en las zonas comunes y habitaciones espaciosas.

- ✉ 1, rue Fabriques d'en Nabot
- ☎ 04 6834 4102
- 🖰 www.hoteldelologe.com

Perpignan Centre Appart-hotel Mer & Golf City

Apartamentos luminosos y bien equipados con servicios comunes como desayuno. Buena calidad precio asegurado. También disponen de apartamentos en Argelès Port.

- ✉ 2, espace Méditerranée
- ☎ 04 6857 4800
- 🖰 www.meretgolf.com

Kyriad Perpignan Sud***

Ofrece una excelente relación calidad precio. Tiene habitaciones espaciosas, muy limpias y con baño, televisión por cable o wifi.

- ✉ Mas Bon Secours. 30, rue du docteur Koch
- ☎ 04 6888 1888
- 🖰 www.perpignan-sud.kyriad.com

Hôtel Mercure Perpignan Centre****

Aunque con instalaciones algo anticuadas es un hotel correcto y bien situado.

- ✉ 5-5 bis Tours Palmarole
- ☎ 04 6835 6766
- 🖰 www.al.accor.com/hotel/1160

Holiday Inn Perpignan IHG Hotel***

Un establecimiento renovado con mucho encanto y con un restaurante donde se sirven parrilladas en verano.

- ✉ 840, avenue d'Espagne (a 2 km por la N9)
- ☎ 04 6885 1111
- 🖰 www.hotel-mas-des-arcades.fr

Les Angles

L'etoile du berger

Ideal para disfrutar del esquí pues se encuentra a 250 m de pistas. Se trata de 14 apartamentos perfectamente equipados.

- ✉ 12, Av. de Balcere
- ☎ (0033) 61552 8030
- 🖰 www.l-etoileduberger.com

Ir de compras

Perpiñán y Carcasona centran principalmente la actividad comercial del Rosellón (Pyrénées Orientales) y el País Cátaro (Aude). En los alrededores de estas localidades existen modernos centros comerciales y supermercados de diferentes marcas. En todo caso la mayoría de localidades medianas celebran sus mercados agrícolas, sobre todo en el Rosellón.

Mercados

Perpiñan

Tiene su actividad comercial centrada sobre todo entre Le Castillet y la place de la République donde hay un animado **mercado matinal.** Destacar la animada calle Mailly, y cercana a la place de la République, la pintoresca rue Paratilla, también conocida como rue des Épices, con tienda de especias.

Hacia la estación se halla la avenue General-de-Gaulle también con carácter comercial.

Curioso resulta el mercado en la **place Cassanyes**, una especie de zoco donde se combina el carácter campesino de los alrededores y la actividad comercial de los magrebíes asentados en Perpiñán.

Carcasona

Su actividad comercial se desarrolla junto a la place Carnot (la Bastida Saint-Louis) y su calle lateral o rue de Verdun. Es justamente en esta plaza donde se celebran los martes, jueves y sábados por la mañana y hasta el mediodía un animado **mercado de flores**, frutas y hortalizas.

La Cité presenta calles abarrotadas de comercios pero poco auténticos y muy turísticos donde venden souvenirs, chocolates, mantelería, jabones… que se pueden encontrar en otras ciudades. En Carcasona se celebra del 19 al 21 de abril un destacado mercado de productores regionales.

Vinos

En el país cátaro y ciudades como Carcasona y Narbona y en menor medida otras menores como Lézignan, Castelnaudary, Limoux o Quillan es fácil adquirir productos de la tierra siendo muy característicos los vinos que se cultivan prácticamente en toda la región. Hay cavas o bodegas con denominación de origen como el Cru Corbières, el Cru Minervois, el Cru Cabardès, el Côteaux de Narbonne, el Carcassonais, el Cru Fitou, el Cru Limoux de donde se embotella el famoso blanquette.

Se puede adquirir este vino en las **Caves du Sieur d'Arques** (www.sieurdarques.com) cerca de Limoux. Cerca de Narbona por su parte en el **Château l'Hospitalet** (www.gerard-bertrand.

com) se pueden degustar unas 100 tipologías de vino y, como no, la marca donde están englobados: Cru Clape&Qaurtourze.

En el área de Pyrénées Orientales se producen vinos secos Como los Côte du Rousillon y vinos dulces naturales como los de Rivesaltes, Banyuls o Maury, tierra limítrofe con los castillos cátaros. De las numerosas bodegas se pueden visitar merece la pena la **Château de Rey** en la carretera Saint Nazaire-Canet (www.chateauderey.com), la **Barrique à Perpignan, Le Comptoir des cru à Perpignan**, junto al teatro de l'Archipel, la **Fauvelle** entre Castelnou y Thuir (www.lafauvelle.com), la **Cave l'Étoile** y la de **St.-Jacques** (www.cave-saintjacques.com) de Banyuls, sin olvidar las famosas **cavas Byrrh** donde se produce el famoso vermuth aperitivo (www.caves-byrrh.fr).

Productos agrícolas

En estas tierras se pueden comprar y probar excelentes productos agrícolas como las aceitunas, espárragos, cerezas, melones, albaricoques, manzanas, patatas y trufas.

Son buenos, cómo no, los panes, productos de charcutería, miel, truchas y foie gras. Las alubias son la base de el *cassoulet* que se compra enlatado en diferentes establecimientos como **Jean Vaque & fils** en Limoux o **Maison Escourrou** de Castelnaudary.

Ultramarinos, charcutería y pastelería

En Pyrénées Orientales son famosos productos como las anchoas de Collioure que se pueden

adquirir en establecimientos como **Anchois Roque** (www.anchois-roque.com), las olivas picholine y el aceite que se vende en la **Coopérative Oléicole La Catalane** (www.forcareal-lacatalane.fr), los turrones o *tourons* y rosquillas o *rousquilles* son de tradición peninsular y se pueden adquirir en localidades como Arles-sur-Tech y Amélie-les-Bains en establecimientos como **Pâtisserie Touron** de Arles-sur-Tech (www.patisserie-touron.com) o **Pâtisserie Pi Roue de Amélie-les-Bains** (telf. 04 6832 0546). Como productos de tradición catalana son los *croquants* y los *tourons* que se pueden adquirir en Perpignan y la cercana Cabestany (www.biscuiterielor.com). Chocolate también en Perpignan en **Pâtisserie&École Internacional Olivier Bajard** y **CEMOI chocolatier** (www.group.cemoi.com). La miel por ejemplo es excelente en el Vallespir y concretamente en **Serrallongue** (telf. 04 6853 0597). En cuanto a quesos la región es especialmente rica sobre todo en la Cerdaña o las Aspres: **Can Bassol**, Serrabona (telf. 04 6884 0023), **Can Nadal** en Montferrer o **La Cazette**

de Corsavi (www.fromagerielacazette.com). Embutidos de Cerdaña se pueden comprar en **Maison Pouget** (Bourg-Madame) o la **Charcuterie Bonzom** en Saillagouse (www.charcuterie-catalane-bonzom.com).

Artesanía

Perpiñán

Para comprar un regalo o un recuerdo en los alrededores se puede ir a la localidad de **Palau-del-Vidre** (www.palau-verrier.com), especializada en vidrio, como su nombre indica. Hay pinturas y cerámicas de inspiración fauvista en los mercados y sobre todo en Collioure, las joyas de Grenat que se pueden adquirir en la localidad de Prades pero también en Perpiñán en **Au Grenat Laviose** (www.laviose.fr).

Una tienda donde se pueden comprar bonitas cerámicas artesanales así como zapatillas vigatanas (*espadrilles* catalanes) o vistosos tejidos. En el pueblo de Vallespir de Saint-Laurent-de-Cerdans se halla el establecimiento **Creation Catalane** en Chemin du Baynat-d'En-Pouly (telf.04 68 54 08 68; www.espadrille-catalane.com).

Actividades para niños

Visitas didácticas

El País Cátaro es un excelente escenario para que los más pequeños disfruten con las historias medievales de príncipes, princesas, caballeros, guerreros, bosques encantados… Algunos castillos son de fácil acceso como el de **Villerouge-Termenès**, **Puivert** o **Chalavre** y están ambientados en la Edad Media. Otros se hallan en precipicios y lugares donde es fácil caer o accidentarse. Algunos de ellos tienen recorridos didácticos o centros de interpretación para conocer la flora y fauna del territorio como es el caso de **Lastours**. Tanto el castillo de La Cité de Carcasona, el de Quéribus o el de Chalabre realizan actividades dirigidas a los más pequeños. De hecho La Cité de Carcasona, donde se han inspirado productoras de dibujos animados, ya es un escenario especial para pasear con niños.

Carcasona y su cité también presenta diversas propuestas para los más pequeños (www.audetourisme.com, tiene un apartado "con niños").

Dinosaurios y otros animales

En la localidad de Espéraza entre Quillan y el castillo de Arques se halla el atractivo **Musée des Dinosaures** (11260 Espéraza, telf. 04 6874 0208, www.dinosauria.org), un viaje en el tiempo que hará soñar a los más pequeños. Para los amantes de este mundo también está el parque **Dinosarium** (www.dinosarium.fr) en Torreilles donde también hay un **parque de Tirolinas** (www.acrovertige.com).

Uno de los mayores **zoológicos** al aire libre donde poder hacer fotos a animales en semilibertad es Sigean. Grandes y pequeños disfrutarán viendo animales de la sabana africana, así como aves autóctonas de las marismas de la zona: **Réserve africaine de Sigean** (19 chemin Hameau du Lac, RD 6009, 11130 Sigean, telf. 04 6848 2020, www.reserveafricainesigean.fr).

Por último el **Museum d'Histoire Naturelle** (12, rue Fontaine Neuve, Perpignan; telf 04 6866 3368, mediterranees.net/museum) ofrece una interesante muestra de fauna de los Pirineos y animales extintos. En Banyuls-sur-Mer se halla el **Biodiversarium** para conocer la vida marina (www.biodiversarium.com) y para disfrutar del mundo animal salvaje qué mejor lugar que el Pirineo y el **Parc Animalier Les Angles** (www.faune-pyreneenne.fr)

Paseos en tren

Existen dos trenes de época que recorren las comarcas del Haute Valle de Aude-Corbières así como el Conflent. El primero es el **train touristique du Pays Cathare et du Fenouillè-** des (www.tpcf.fr), también conocido como Train rouge, que parte de Rivesaltes (al norte de Perpiñán) hasta Saint-Paul-de-Fenouillet siguiendo túneles y viaductos. El segundo es el centenario **Train Jaune** (www.parc-pyrenees-catalane.fr) que va desde Villefranche-de-Conflent a Latour-de-Carol recorriendo espectaculares paisajes de montaña. Otra atracción ideal para niños es el **petit train de Perpignan** (www.petit-train-de-perpignan.com), que realiza un didáctico recorrido por los principales puntos históricos de Perpiñán.

Aventura en la Naturaleza

Cerca del castillo de Puivert, en la localidad de Nébias junto a su **molino** de viento los pequeños disfrutarán con el paisaje mágico del **Laberinto Verde** que propone senderos temáticos, algunos por el bosque. Más información en place du village ou au Moulin à Vent, Service Tourisme Communauté de Communes des Pyrénées Audoises, www.aude-pyrenees.fr.

Otros puntos para disfrutar en familia son los senderos botánicos y de las águilas del castillo de Valmy (Argelès-Plage), el Museo de la escuela en Carcasona, el Parc Australien y molino de viento de Villeneuve-Minervois, las salinas y parque eólico de Gruissan, el paisaje mágico y encantado de las Orgues de Ille-sur-Têt (al oeste de Perpiñán), el Museo de Prehistoria de Tautavel, el Aquamagic de Port-Leucate o el Théâtre Achille-Mir de Cucugnan donde los pequeños disfrutarán de la marionetas.

∎ Deportes y turismo activo

Un territorio tan diverso como el del País Cátaro y el Rosellón donde se dan cita mar y montaña es un territorio preparado para el turismo activo: senderismo, ciclismo, deporte de aventura, deportes náuticos, paseos a caballo... He aquí algunas propuestas de las muchas a realizar en este territorio del sureste de Francia.

Los Pirineos y el Canigó

En especial las comarcas del Capcir y la Cerdaña están especializadas en el turismo de nieve con diversas **pistas de esquí**: Les Angles, La Quillane, Formiguères, Puyvalador-Rieutort o la estación nórdica del Capcir, en el

Capcir y Font-Romeu/Pyrénées2000, Cambre d´Aze y Porté-Puymorens en la Cerdaña. En sus 180 km de pistas de esquí alpino (450 km de esquí nórdico) se puede practicar todo tipo de novedosos deportes: snowcook, air board, snowtubing o quadbike.

Por su parte el Canigó y valles pirenaicos como el de Ayne son ideales para **excursiones**. En el Canigó concretamente existen 500 km de caminos señalizados que conectan con las reservas naturales cercanas y 5 refugios de montaña.
Por su clima, la Cerdaña es un lugar ideal para hacer **vuelos en globo** aerostático.

La costa

Los puertos fluviales de Carcasona y Castelnaudary proponen actividades náuticas con las empresas **Génération VTT** (www.carcassonne.generation.vtt.com) y **Club de Voile** de Castelnaudary (www.ganguise.com).

Los deportes náuticos marinos tienen su centro en Narbona donde practicar la vela con la empresa **Societé Nautique de Narbonne** (www.lanutiquenarbonne.unblog.fr). En Sigean la empresa **Windclub Corbières Méditerranée** (www.

por-mahon-voile.com) es la mejor opción.

Rosellón

En el Rosellón los centros de práctica de deportes se ubican alrededor de la montaña mítica del Canigó, así como las estaciones balnearias costeras. El primer lugar es un espacio geográfico perfecto para practicar el senderismo y poder dormir en sus cinco refugios permitiendo así el ascenso a este pico de 2.714 m. Se pueden alquilar bicis de montaña eléctricas para hacer recorridos, por ejemplo, desde el refugio de Batère.
En la costa se pueden practicar los deportes náuticos como la vela, tabla de vela, kitesurf o buceo en puertos como el de Argelès-sur-Mer, Collioure, Port-Vendres o Banyuls-sur-Mer. Para más información dirigirse a la **Maison des Sports** (telf. 04 6852 9830). Existen playas naturistas en La Franqui, así como Port-la-Nouvelle. Por otra parte los amantes del termalismo tienen su cita en estaciones termales de aguas sulfurosas en Amélie-les-Bains o Vernet-les-Bains, Molitg les Bains, La Preste les Bains et Le Boulou.
Los que quieran disfrutar de la talasoterapia deben de ir a Port-Barcarès o Banyuls-sur-Mer.
Finalmente cerca de Rivesaltes en el norte de Perpiñán y junto a la A9 salida 41se encuentra el **Gran Circuito** del Rosellón ideal para realizar kárting (www.grand-circuit-roussillon.com).
En Marquixanes y Thuès, en el Conflent, se puede hacer *canyoning* y *tubing*.

Vida nocturna

La vida nocturna en Francia no tiene que ver nada en intensidad y horarios a la española. En todo caso Carcasona y, sobre todo, Perpiñán concentran el mayor número de locales. En verano atraen la marcha nocturna la costa de Perpiñán, Canet-Plage, Argelès y Le Barcarés, y en invierno, en menor medida, los lugares de pistas de esquí como Les Angles y Font-Romeu.

mando algo y escuchando música, como el **Café La Métairie** (3, Chemin de Montlegun), **Le Pas Sage** (15, rue Trivalle) o el **Restaurant le 37** (37, rue Trivalle). En La Cité se halla **Le Jardin de la tour** (11, rue Porte d'Aude), así como **l'Escargot** (7, rue Violet le Duc). La place Marcou de La Cité es una gran terraza con bares y locales abiertos hasta tarde.

bailar. También hay festivales veraniegos como el **Electro Beach Festival** (www.electrobeach.com).

Perpiñán

Sin duda alguna es una ciudad más animada que las anteriores. En el viejo Perpiñán, entre le Castillet y la place de la République, se concentran diferentes bares donde tomar algo y bailar. Un buen lugar para empezar la noche es el tranquilo y agradable bar **Chez les copains** (4bis, rue Amiral Barrera), donde se puede cenar algo ligero.

La estrecha rue Fabriques Couvertes tiene animados pubs como **Le Comptoir.** Cerca, en la rue du Castillet, se halla **Habana Bodeguita,** un local de baile que también es restaurante con un ambiente y música latina.

En la Place de la République se puede ir al **Le République`Café** con terraza y conciertos en directo. De allá parte la rue du Théatre con lugares como **Cosy Club,** que tiene una pequeña pista donde se pincha la música más moderna. Aquí también hay lugares para tomar vinos como **Jet-Set,** o uno más tradicional como **La Cour du Baron.**

Los locales de ambiente gay se hallan frente a la place de la République, en la estrecha rue de Labédoyère.

Después la marcha continúa en **Le Club Discothèque** en 7 rue de la Poissonnerie. Cuando llega el buen tiempo la gente se marcha a Canet-Plage y la Colline des Loisirs donde se concentran bares y discotecas muy divertidos durante el verano.

Carcasona

Carcasona es una ciudad tranquila donde las noches de diversión y ocio acaban pronto. La place Carnot y alrededores concentran tranquilos bares tipo cervecerías y vinotecas que tienen animadas terrazas hasta la medianoche cuando el tiempo lo permite. Destacar por su animación **l'Artichaut** en el 14, place Carnot. Otros lugares recomendables en la Bastida de Saint Louis son el **Café Saillan** (31, rue Albert Tomey), **Chai Moi** (13, Quai Riquet Ude), o le **Café Le Païcherou** (2, Quai Païcherou).

Cerca de La Cité y en el barrio existente bajo la porte Narbonnaise hay locales para cenar algo ligero y pasar luego un tiempo to-

Les Angles y Font-Romeu

Hay lugares para salir de noche como es el caso del **Casino Cinema Discoteca** en Font-Romeu, un lugar con 4 ambientes (www.casino-font-romeu. fr). Los principales hoteles suelen tener sus bares animados abiertos hasta la media noche. En la costa Argelès-sur-Mer / Argelès-Plage tiene buenos lugares para tomar vinos y cervezas: **Maison Albera** (1, rue des faisans), **Braserie Cap d'Ona** (29, des Flamants-Roses) o la **Fine Mousse** (Residence la Sardane). En Canet en Roussillon destaca el **Bambu Bar** aunque en las playas cercanas como Torreilles o Le Barcarès abren y cierran en verano diferentes lugares para

▮Fiestas y celebraciones

Fiestas nacionales

1 de enero: Año Nuevo
1 de mayo: Día del Trabajador.
Sexto jueves después del 1 de enero: La Ascensión.
8 de mayo: Fin de la Segunda Guerra Mundial.
Segundo lunes después de la Ascensión: Pentecostés.
14 de julio: Toma de la Bastilla.
15 de agosto: La Asunción de María.
1 de noviembre: Todos los Santos.
11 de noviembre: Armisticio de la Primera Guerra Mundial.
25 de diciembre: Navidad.

Eventos

Finales de enero
Limoux: Carnaval tradicional. Arles, Prats de Motlló y S. Laurent-des-Cerdans, Fête de l´Ours (Fiesta del Oso).

Febrero
Argelès-sur-Mer: Carnaval.

Abril-Mayo
Perpiñán: Viernes Santo procesión de la Sanch (de la sangre). Sábado más próximo al 23 de abril: Sant Jordi. Festival de Música Sacra (segunda semana).
Collioure: Viernes Santo procesión de cofradías de penitentes.
Céret: Festival de la Cereza (mayo).

Junio
Festival Ida y Vuelta (principios de junio); www.anglophone-direct.com.
Día 21: Fiesta de la música conmemorando el solsticio de verano, en todas las principales localidades turísticas
Perpinan: día 24, Fiesta Mayor de San Juan.
Diversas localidades del Rosellón. Total Festum (Fiesta de la cultura occitana y catalana) y Bajada de Flama del Canigó, antorcha que se bajará a Cataluña.
Día 29 en Gruissan: Saint Piere, patrón de los pescadores.

Julio
Perpiñán: Les Estivales, Festival de teatro, música y danza (www.estivales.com).
Prades: Festival de Cinéma en la segunda quincena (www.cine-rencontres.org).
Carcasona: Festival des Deux Cités: conciertos clásicos, teatro, ópera, danza, jazz… Con espectáculo medieval diario. Es la fiesta grande de la localidad y las calles se llenan de gente y animación.

Agosto
Prades: Festival Pablo Casals ; www.prades-festival-casals.com.
Prades-Saint-Michel-de-Cuixà: Festival Pau Casals de música clásica.
St.-Génis-des-Fontaines: Festival internacional de lírica y medieval.
Amélie-les-Bains: Festival folclórico internacional (www.festival-amelie.com).
Banyuls-sur-Mer: Festival de la sardana (www.banyuls-sur-mer.com).
Collioure: Feria del 14 al 18 de agosto (www.collioure.com).

Septiembre
Carcasona: Festival de la vendimia.
Perpiñán: Festival Visa de la imagen (www.visapourlimage.com).

Octubre
Perpiñán: Festival de Jazz (www.jazzebre.com). Es una cita imprescindible para amantes del jazz.

Información práctica

ANTES DE PARTIR

▎Qué llevar

El DNI es suficiente, si se lleva tarjeta de residencia pueden solicitarnos también el pasaporte. Las personas que viajen con la tarjeta de residencia pueden viajar sin visado por un período de tres meses. Para quedarse en Francia más de tres meses se requiere solicitar un permiso de residencia o *Carte de Séjour* en el servicio de visados de la Embajada de Francia. Si se lleva el vehículo propio la documentación es la misma que en España: carné de conducir, papeles en regla del vehículo y seguro del automóvil en vigor.

▎Cuándo ir

La primavera, junto con el inicio del verano y del otoño, es la época más agradable para visitar la Región de los Cátaros, el Rosellón y Cerdaña o Cataluña Norte. Si bien pueden haber días de fuertes vientos, sobre todo en la llanura del Rosellón donde acostumbra a soplar la Tramontana. Los campos florecen y los colores alegran los lugares donde se asientan los castillos, abadías y sítios relacionados con el catarismo. Por otro lado los campos de cultivo y los viñedos están verdes dejando bellas estampas paisajísticas. La floración de los frutales y almendros a finales de febrero e inicio de marzo es un espectáculo sobre todo en el Rosellón y concretamente en el Riberal o entrada al Conflent. El calor es fuerte en verano y solo se aguanta a la sombra, cerca de la playa donde soplan frescas brisas o en altura donde el calor es más seco y menos intenso. Solo a primera o a última hora son los momentos más adecuados para subir a los castillos cátaros. El verano de todos modos es la estación donde hay más actividades festivas y culturales, las calles de las ciudades y pueblos franceses recobran vida y sobre todo el litoral está más animado.

El otoño es época de lluvias que pueden ser intensas provocando incluso inundaciones. Eso sí los bosques de la Montaña Negra, Les Corbières, La Albera y el Canigó son un espectáculo de colores. El invierno es suave en la llanura del Rosellón con días bastante soleados, no es así en les Corbières, Carcasona y la Montaña Negra donde muchos días la niebla o las nubes no dejan el área durante buena parte del día. La sensación de frío puede ser intensa si sopla la Tramontana o el Mistral o en áreas montañosas como el Macizo del Canigó o los valles más interiores de Les Corbières. Es el momento de disfrutar de las pistas de esquí de la Cerdaña y el Capcir.

El clima del Aude y Pyrénées Orientales es esencialmente mediterráneo con matizaciones en función de si nos adentramos al continente o subimos en altura pudiendo tener carácter continental de influencia atlántica en las zonas más orientales y de montaña en áreas altas del Canigó y las altiplanicies de la Alta Cerdaña y el Capcir.

Moneda y formas de pago

El franco francés ya es historia desde que entró el euro el 1 de enero de 2002. Los nostálgicos y numismáticos pueden conseguir francos franceses para colección en un establecimiento cercano a la iglesia de Saint Vicent en Carcasona y en alguna numismática que todavía sobrevive en Perpiñán.

Existen cajeros en las principales ciudades y es normal el pago con *Visa* y *Mastercard*. Los peajes de las autopistas normalmente solo se pueden pagar con tarjeta de crédito siendo siempre el pago automático. En algunas gasolineras de centros comerciales se reserva automáticamente un depósito de dinero que se libera a la semana siguiente cobrándose la cantidad real gastada en combustible.

Aduana

Francia y España pertenecen al mismo espacio europeo y no existen las fronteras propiamente dichas tras el acuerdo de Schengen que entró en vigor en 1995. Este acuerdo permite el movimiento libre por 26 países de la UE incluyendo países como Suiza, Liechtenstein y Noruega. Pueden haber controles rutinarios a un lado y otro de la antigua frontera sobre todo en le Perthus y en los primeros peajes de autopistas. Esto puede provocar colas puntuales de vehículo. Los ciudadanos de la UE deben de ir provistos de DNI o en su defecto del pasaporte.

DURANTE LA ESTANCIA

Orientación

La presente guía abarca geográficamente dos departamentos del sureste de Francia que hasta el 31 de diciembre del 2015 fue la región de Languedoc Rousillon y que actualmente se denomina Occitania con capital en Toulouse. Se trata del departamento de Pyrénées-Orientales (la parte más occidental o comarca del Rosellón con capital en Perpiñán), que es el corredor natural y de comunicaciones para llegar al

Qué visitar

Además de Carcasona que ya por sí sola justifica el viaje, la ruta central de los castillos cátaros en el área de Les Corbières, limítrofe con Pyrénées Orientales protagoniza la presente guía. El litoral, con localidades como Grisan y Collioure, y el Rosellón, con Perpiñán, permiten al visitante complementar el tema de los cátaros con aspectos gastronómicos y paisajísticos más relacionados con la proximidad del mar al Pirineo y el Canigó.

Las comarcas naturales del Vallespir, Alberas, Conflent y Aspres tienen un patrimonio monumental importante donde destacan excelentes piezas del románico, interiores de templos barrocos, así como pequeños y vistosos pueblos medievales. Destacan también las ciudades amuralladas de Vilafranca de Conflent y Montlluís. No hay que olvidar a nivel paisajístico los valles pirenaicos o el mítico macizo del Canigó. Estas comarcas también son conocidas por los balnearios, y la Alta Cerdaña y el Capcir por las pistas de esquí: Font-Romeu, Bolquera, Les Angles…

segundo departamento: Aude. Este territorio comercializa la marca el País Cátaro o Le Pays-Cathare y su capital es Carcasona, siendo su principal ciudad Narbona. La marca no se corresponde totalmente con el territorio donde se dio el catarismo, más amplio y que incluye localidades de regiones vecinas como Albi, Toulouse, Pamiers, Foix o Béziers. En todo caso, en el Aude se desarrolló buena parte de la historia ligada al catarismo.

Cada ciudad o/y principal localidad tienen el indicativo "Centre Ville", donde acostumbran a situarse los lugares administrativos como el Hôtel de Ville (Ayuntamiento) y la Oficina de Turismo (Office de Tourisme). En estos centros suele haber abundante información tanto privada o comercial como pública, donde se explican los recursos y servicios de la zona así como folletos dedicados a los recursos turísticos principales. En Pyrénées-Orientales acostumbran a tener los folletos traducidos al castellano y catalán, entre otras lenguas. Los folletos que se dan en los centros de acogida de los lugares cátaros también suelen estar traducidos a estas lenguas.

Por otra parte, es habitual que los guías o personas que atienden estos centros de recepción hablen o entiendan castellano. La información sobre el catarismo, la época medieval y el mundo de los castillos que el visitante puede adquirir en estos centros es amplia y variada.

▍ Cómo llegar desde los aeropuertos

Las conexiones hacia estas ciudades deben hacerse desde París o bien desembarcando en Toulouse, aunque hay vuelos directos en temporada con *Vueling* (Carcasona-Alicante) y *Air Nostrum* (Perpiñán-Madrid).

Carcasona. Aéroport Internacional Sud de France. Carcassonne Route Montreal, telf. 046 871 9646, www.aeroport-carcassone.com.

Perpiñán. Aéroport Internacional Sud de France. Perpignan- Rivesaltes, a unos 3 km al norte de Perpiñán, av. Maurice-Bellonte, telf. 04 6852 6070, www.aeroport-perpignan.

El aeropuerto más imporante se halla en **Toulouse** que tiene más compañías operando y más destinos. **Aéroport de Toulouse-Blagnac,** a 90 km de Carcasona, telf. 082 538 0000, www.toulouse.aeroport.fr).

▍ Llegada por tierra

Por carretera se puede acceder fácilmente desde Cataluña mediante la A-7 en España y A-9 en Francia por le Perthus. Más complicado pero con mejores paisajes y por la costa es tomando la N260 en España conectando por la Côte Vermeille y la N114 por Cerbère vía Banyuls-sur-Mer y Collioure. Perpiñán está a escasamente 30 minutos de la frontera (35 km), Narbona a una hora (95 km) y Carcasona a una hora y media (145 km). La A-9 y N-9 conecta en Narbona con la A61 y N113 hacia Carcasona y Castelnaudary vía Tolouse. Las tierras cátaras se conectan por un entramado de carreteras locales en general en buenas condiciones pero con curvas en el interior de Les Corbières y la Montagne Noire, Pirineos (Cerdaña y Vallespir), Canigó y Albera. La carretera D117 que va a a Foix pasa al sur de tierras cátaras y es la carretera principal que se toma al norte de Perpiñán. Otras carreteras secundarias son la 6113 que comunica Toulouse-Carcasona y Narbona, la carretera 6009 que une Béziers-Narbona y Perpiñán, la carretera 613 que enlaza Andorra con Quillan y la carretera 118 que une Mazamet con Carcasona.

El tren de alta velocidad TGV, que llega hasta España, lleva desde Barcelona hasta las ciudades francesas de Perpiñán, Narbona, Carcasona, Toulouse, Béziers, Montpellier, Aviñón, Marsella, Aix-en-Provence, Nimes, Valence, Lyon y París. De Barcelona a Perpiñán se tarda poco más de una hora con parada en Girona y Figueres-Vilafant. Desde Barcelona a Carcasona se tarda cerca de dos horas con un tren diario vía Toulouse (es.voyages-sncf.com).

I Taxis

Las principales ciudades Carcasona, Narbona y Perpiñán tienen autobuses que conectan el casco urbano y sus alrededores (principalmente las playas) y servicio de taxi correctamente tarificado. Los precios son aproximadamente 2 € por kilómetro recorrido. Por ejemplo, del aeropuerto al centro de Perpiñán cuesta unos 16 €.

Carcasona (telf. 04 6871 5050, www.taxi-carcassonne.fr).

Perpiñán (52, avenue Foch, telf. 04 6835 1515, www.accueilperpignantaxi.fr).

ALQUILER DE COCHES

I Normas de circulación

Todas las ciudades tienen zonas de aparcamiento convenientemente señalizadas y normalmente de pago o con control horario de estacionamiento. Los castillos cátaros y abadías tienen aparcamiento gratuito que aunque no está vigilado es seguro. Los límites de velocidad en las autovías y autopistas

I Horarios

Bancos: de 9 h a 17 h
Comercios: de 8 h a 12 h y de 14 h a 18 h
Correos: de 8 h a 12 h y de 14.30 h a 19 h
Museos: de 10 h a 17 h o 18 h

Castillos y abadías: varían en función de la temporada del año pudiendo estar cerrados en enero e incluso en períodos más largos de la temporada de invierno. Por supuesto los horarios de apertura en esta temporada del año son más cortos. Habitualmente abiertos de 10 h a 17 h. Todos los días salvo enero y días festivos. Algunos, y cada vez menos, castillos son de acceso libre, por lo que si el centro de recepción o taquilla están cerrados normalmente se puede acceder al castillo. La última visita se hace 30 minutos antes del cierre.

Cada vez es más habitual poder cerrar algo más tarde en esta zona de Francia (sobre todo en verano), aunque normalmente a las 14.30 y 22 h las cocinas cierran. Siendo habitual comer a partir de las 12 h y de las 19.30 h.

Periódicos

Una forma de familiarizarse con la lengua francesa es consultar los diarios que aquí tienen una larga tradición y calidad de contenidos. *Le Monde* es el más conocido, con su clásica y característica visión geopolítica. El diario *Liberation* es de izquierdas, con un uso de palabras y contenidos que rápido llegan al lector. El *Midi Libre* se distribuye en el sur de Francia y tiene un componente regional.

Por otro lado, en los principales quioscos es fácil encontrar prensa española así como una diversidad de revistas, incluidas las de temas turísticos y gastronomía como *Vent Sud*. En proyecto próximo existe una web denominada *No perdis el Nord* que está orientada para informar de los atractivos, servicios y novedades en la Cataluña Norte para catalanes y españoles del sur.

varían entre 110 y 130 km/h, siendo entre 80 y 90 km/h en las carreteras convencionales. La policía es muy estricta si se superan los límites establecidos y hay controles habituales sobre todo los fines de semana. Igualmente ocurre en carreteras nacionales y cascos urbanos donde pueden haber controles con los radares de velocidad. Las multas pueden ser enviadas a España.

El precio del carburante es sensiblemente superior a España aunque algunos grandes centros comerciales tienen precios similares a los de España.

Teléfonos

Para llamar a Francia desde España se marca el 0033 y el número del abonado normalmente el prefijo y 8 cifras. Para llamar a España desde Francia se marca el 0034 y el número del abonado con el prefijo provincial en caso de número fijo. Aude tiene un prefijo y Pyrénées-Orientales tienen el prefijo 68 precedido si se llama desde España del 004. Francia es uno de los países donde funciona el *roaming* pudiendo llamar a números del país sin coste.

Para evitar sorpresas con las llamadas internacionales se recomienda adquirir una tarjeta prepago *(carte de prepaiement)* normalmente expedidas en estancos *(tabacs),* correos *(poste)* o grandes superficies comerciales.

Sanidad

La asistencia médica está garantizada en la UE aun así se recomienda se solicite la Tarjeta Sanitaria Europea (TSE) en cualquiera de los centros de atención e información de la Seguridad Social en España. La tarjeta da derecho a su titular a recibir las prestaciones sanitarias que pueda necesitar durante una estancia temporal en Francia aunque solo vaya de turismo. Esta tarjeta permite el reintegro de gastos que se originen por enfermedad, accidente siempre que se presenten los respectivos justificantes. Las marcas de los medicamentos pueden variar de Francia a España por lo que mejor tener el nombre genérico del medicamento.

RACE o RACC también tienen servicios de atención en el extranjero.

Cómo ahorrar

Existen **carnés** como el Pasaporte de los Sitios Cátaros emitido por la Association des Sites du Pays Cathare que cuesta 2 € y que supone una reducción de 1 € por adulto y sitio y gratuidad para niños y jóvenes entre 6 y 15 años. El Conséil General de

Pyrénées-Orientales edita un práctico libro de bolsillo denominado **Pass patrimonie66** con importantes reducciones en las visitas de los principales atractivos de la Cataluña Norte. Al final hay unos espacios para sellar y es válido para 1 o 2 personas.

Los transportes públicos como autobuses y sobre todo tren (SNCF) también tienen bonos de descuentos. Existe una **red de cámpings y albergues** cuya relación calidad-precio es excelente y además lugares donde contactar con otros turistas y población francesa. Como ya viene siendo habitual, por internet se pueden obtener precios de **hoteles** con promociones, a veces por debajo de los que se ofrecen en el propio hotel. La reserva se hace en sitios web como Booking, Trivago, Rumbo, Tripadvisor o Gotogate. Sobre todo en los alrededores de estaciones de esquí o importantes núcleos de población como Perpiñán o Carcasona suelen haber cadenas de hoteles tipo IBIS, muy funcionales pero con precios competitivos. Para las comidas y si uno requiere rapidez existen **menús** con precio algo más elevado que en España atendiendo que tienen un plato principal y muchas veces sin bebida. Eso sí, la calidad, cantidad y servicio suelen merecen la pena aunque sea plato único. En los alrededores de las grandes ciudades y principales núcleos suelen haber supermercados donde obtener vinos, quesos, etc. a precios competitivos. En centros comerciales existen **gasolineras** con precios del carburante algo más económicos. Los precios del carburante en autopista son más elevados. Los **supermercados** ofrecen precios más económicos, pero atención, retienen un pequeño crédito durante unas semanas.

Los **jóvenes y estudiantes** se pueden beneficiar de descuentos en transportes, museos, centros culturales y de ocio con el Carné Internacional de Estudiante (ISIC). Igualmente el Carné Joven Europeo da descuentos en entidades adheridas a su programa. Para los alberguistas es interesante tener el Carné Internacional de Alberguista (IYHF) que no tiene límite de edad y permite buenos descuentos en este tipo de establecimientos.

Francia por su parte es un lugar ideal para personas que viajan con autocaravana y existen áreas de servicio y puntos adecuados para este tipo de turismo.

▮ Otros libros

Para los amantes de la fotografía existen otras guías sobre este territorio (*101 lugares imprescindibles de Francia* o la *Fotoguía de Pyrénées-Orientales o Cataluña Norte* (Georama-Paco Sánchez).

▮ Viajar por tu cuenta o de la mano de un experto

Es fácil acceder y moverse en vehículo propio por el Aude o País Cátaro y los Pyrénées-Orientales o Pays Catalán. Sobre todo si se vive en las comunidades del noroeste de España como Cataluña o Aragón o se vuela desde otros puntos de la Península a los aeropuertos del sur de Francia. Especialmente agencias de Cataluña organizan viajes temáticos para conocer la herejía cátara, Carcasona y la cultura catalana del Norte, y Perpiñán, "la catalana". Existe un proyecto denominado *viajarconpaco* (www. viajarconpaco.com) que prepara pequeñas salidas al sur de Francia incluyendo otros departamentos cómo Iparralde o el País Vasco-Francés. Se denominan viajes de autor y tienen como producto estrella guías como estas, pero con la peculiaridad que el autor va con grupos reducidos que quieran descubrir los secretos de esos territorios y de la misma guía de viaje.

▌Idioma

Castellano	Catalán/Català	Francés/Français
Saludos y expresiones comunes		
Buenos días. Buenas tardes	Bon dia. Bona tarda	Bonjour. Bonne soirée
Buenas noches	Bona nit	Bonsoir/Bonne nuit
Adiós	Adéu. A reveure	Au revoir
¿Cómo se llama?	Quin nom té?	Quel est votre nom?
Disculpe, perdone	Perdoni	Excusez- moi, pardon
Gracias	Gràcies	Merci
Días de la semana	**Dies de la setmana**	**Jours de la semaine**
Lunes	Dilluns	Lundi
Martes	Dimarts	Mardi
Miércoles	Dimecres	Mercredi
Jueves	Dijous	Jeudi
Viernes	Divendres	Vendredi
Sábado	Dissabte	Samedi
Domingo	Diumenge	Dimanche
Expresiones de tiempo		
Hoy	Avui	Aujourd´hui
Mañana	Demà	Demain
Verano	Estiu	Été
Invierno	Hivern	Hiver
Primavera	Primavera	Printemps
Otoño	Tardor	Automne
En el restaurante		
Carne	Carn	Viande
Pollo	Pollastre	Poulet
Pescado	Peix	Poisson
Marisco	Marisc	Fruits de mer
Verdura	Verdura	Verdure
Plato del día	Plat del dia	Plat du jour
Queso	Formatge	Fromage
Huevos	Ous	Oeufs
Azúcar	Sucre	Sucre
Desayuno	Esmorzar	Petit déjeuner
Comida	Menjar	déjeuner/ repas
Cena	Sopar	Dîner
Agua	Aigua	Eau
Vino blanco	Vi blanc	Vin blanc
Vino tinto	Vi negre	Vin noir
Café con leche cortado	Café amb llet tallat	Café au lait noisette
Numeros		
Uno	Un	Une
Dos	Dos	Deux
Tres	Tres	Trois
Cuatro	Quatre	Quatre
Cinco	Cinc	Cinq
Seis	Six	Six
Siete	Set	Sept
Ocho	Vuit	Huit
Nueve	Nou	Neuf
Diez	Déu	Dix

Índice de lugares

MAPAS Y PLANOS